日本語は進化する

情意表現から論理表現へ

加賀野井秀一 *Shuichi Kaganoi*

NHKBOOKS
[941]

日本放送出版協会

Printed in Japan
［扉写真］鈴木秀ヲ
(写真集『パーテル・ノステル』より)
［扉デザイン］宮口　瑚
［協力］青藍社

日本語は進化する——情意表現から論理表現へ【目次】

序章　「思考の身体」としての日本語

西田幾多郎の悪文

私はこれまでずっと哲学というものにあこがれを抱いてきたが、それにしても、あの「ナントカ的ナントカ主義におけるナントカ性とは何ゾヤ」といったたぐいの物言いは、どうにも肌にあわず、おかげで大学時代にも籍はフランス文学科におき、いまだに哲学とは遠慮がちにしかつき合わないでいる。

忘れもしないが、わが国の大哲学者といわれる西田幾多郎《きたろう》（一八七〇～一九四五）の文章にはじめて接したとき、私は、その世評の高さと文章のひどさとのギャップに、われとわが目を疑ったものだった。読者の皆さんにも、ためしに次のような一節をご覧いただきたい。

時と空間との矛盾的自己同一的に自己自身を形成する世界の時間面的自己限定として空間否定的に、判断作用的に云へば、主語と述語との矛盾的自己同一的に自己自身を表現する世界の主語的方向否定的に、述語面的自己限定として、我々の自己と云ふものが成立するのである。（「場所的論理と宗教的世界観」）

いかがだろう。「もうたくさんだ、いいかげんにしてくれ！」と、思わず叫び出したくなるような文章ではなかろうか。こともあろうに、それが未来への希望に胸ふくらませた若き学徒の前にあらわれたとすれば、こうした若者が志なかばで挫折することになったとしても、それを責めるのはちょいとばかり酷だろう。と、まあ、そんなわけで、私が哲学的素養もないまま今日に至っているのは、ひとえに西田幾多郎のせいなのだ……ということにしておこう。

西田幾多郎（写真提供・日本近代文学館）

しかし後年になって、どうしためぐり合わせからか、日本人によるベルクソン思想の受容などといったことについて調べなければならなくなったとき、その資料のひとつとなる西田の小論をながめていると、とつぜん、こんな一節が目にとまったのである。

此処《ここ》には思慮分別の概念的知識を容《い》るべき余地がない、実に古歌の「ゆらのとを渡る舟人かぢをたえ行《ゆく》へも知らぬ恋のみちかな」という趣がある。ベルグソンが自由意志というのはこの境涯を指すのである。(「ベルグソンの純粋持続」)

いや、おそれいった。あの難解をもって鳴るベルクソンの自由意志を「行へも知らぬ恋の道」にたとえるとは、なんと粋な解釈だろうか。私自身がこの古歌を偏愛することもあってか、その時から私には、西田幾多郎という御仁が、急に身近に感じられるようになってきたのである。「坊主憎けりゃ」はたちまち「あばたもえくぼ」となる。それまでは、彼の有名な一首「我心　深き底あり　喜びも　憂の波も　とどかじと思ふ」なども、どこの思い上がった講壇哲学者のよまいごとかと考えていたのだが、評価は一転。その背後には「死にし子の　夢よりさめつ　あさまだき　窓際暗くみぞれふるらし」という彼のつらい生活があることにも、ようやく気づくようになってきたのである。

「奇怪な日本語」が生み出された背景

とはいえ、いかに私の側にこうした心境の変化が起こってきたとしても、彼の文は少しも読みやすくなるわけではない。これほどにも物の分かった人物にして、これほどの悪文をしたためるのはいったいなぜなのか。そんな疑問を解きかねているうちに、ふと、私には小林秀雄の一節が思い出されてきた。

そうだ、たしか小林秀雄も西田の文章を「病的」だとか「奇怪」だとか言って攻撃していたはずだが……、というわけで、あれこれ探したあげく、ようやく彼の「学者と官僚」と題する一文に再会した。小林によれば、いわゆる哲学者と称する人々が「表現の事事しさと内容の空《むな》しさとのコントラスト」をもって「よくも揃ひも揃って、寝言の様な事を言ってゐるものだと呆れ果てた」というわけなのだが、彼はそこで西田をもひきあいに出して、「氏の孤独は極めて病的な孤独である」と診断し、この孤独が「日本語では書かれて居らず、勿論《もちろん》外国語でも書かれてはゐないといふ奇怪なシステムを創り上げて了《しま》った」ものと考える。そうしておいて小林は、いかにも批評家らしく、「今日の学者達の独善が容易に改らないのは、彼等が本当に健全な無遠慮な読者を持ってゐないのが、一番大きな原因だと思ふ」と結論づけるのである。

かつて小林秀雄に心酔しきっていた若き野良犬のような私にとって、哲学者たちの難解な表現を「寝言」とも「湯屋の都々逸《どどいつ》」とも大見得きって言ってのける彼の態度は、いかにも小気味よい毒となり、私の西田嫌いにも、それがいっそうの拍車をかけていたように思われる。しかし、相変わらずのらりくらりとではありながらも、やがて私なりに哲学に親しんでくると、哲学者の立場もそれなりに少しは理解できるようになり、時として小林の方が口ずさむ湯屋の都々逸にも嫌気がさすようになってきた。そんな時に出会ったのが、この小林への反批判となった林達夫の「開店休業の必要」という一文である。

林はまずもって、「日本語でも書かれて居らず、もちろん世界語でも書かれていない」（傍点は加賀野井）ような哲学——と微妙に小林の言いまわしをズラしながら——を批判することにおいては小林に同意しつつも、小林が哲学者を十把《じっぱ》ひとからげにして、彼らが世評から遠ざかり「左団扇《ひだりうちわ》をきめている」とする見解に対しては「これは結局狭い文壇人などのいかにも言いそうなことで、文明批評家小林秀雄としては批判の怠慢の表白に外《ほか》ならないから買えないのである」と切り返す。つまるところ林によれば、小林の批判は「ドイツ的思考方法の亜流的模倣」に閉口したフランス思想シンパの造反であるということになるわけだ。

なるほどそんな側面もあるだろうなと思いつつ、大きな林と小さな林との論争もうやむやのままに寝かせてあったわけだが、しばらく前から私の個人的な関心が近代日本語の形成というものに向くようになってみると、実は彼らの論争の根っこの所に、もっと単純で基本的な、日本語そのものの変遷にまつわる問題が隠されているのではないかということに、おそまきながら気づくようになってきた。それは、あまりにも単純すぎるので、あえて口にするのもはばかられるたぐいの事柄であるのだが、まあ、ようするに、小林秀雄の評を彼一流のレトリックととらず、すなおに受けとめればいいだけのことなのだ。

小林は言っていた。西田の作品は「日本語では書かれて居らず、勿論外国語でも書かれてはゐない」と。そのとおり。つまるところ、彼の文章は日本語ではないのである。いやむしろ、彼の哲学的思索は、十分な日本語になりきっていないと言うべきだろうか。いずれにしても、哲学という領域で、彼の言語は「行へも知らぬ恋のみち」を語るほどしなやかに働いていないことは確かである。かのフランスの詩人ヴァレリーを待つまでもなく、本来、言語とは、「思考の身体」とでも言うべきものであり、これが手足と化した自在な所作のなかに意味は描き出されていくものだ。そこからすれば、西田の日本語はどこかゴワゴワしていて、しっくりと身体化されていないように感じられる。

言語がぎごちなければ、それによって表現される思想もぎごちない。さしあたりは、そう断言しておいてもかまうまい。私たちがウォーフやサピアに由来する「言語相対論」(たとえば、「シープ」「マトン」の二語によって「動物としての羊」と「肉としての羊」とを見分ける英米人は、どちらも同じく「ムートン」と呼ぶフランス人とはちがった世界の切り取り方をしているという考え方)と呼ばれるものを通して学んだことは、つまるところ、その「思考の身体」としての言語の持つ特性に応じて、世界は別様に切り取られるという事実ではなかったか。そんなわけで私には、西田幾多郎は、現代日本語の確立期に、みずからの思考言語としての(ドイツ語ではない)日本語を手に入れようとして彼なりに時代と切りむすび、ついには「奇怪な」表現をあみ出してしまった人物なのだ、と思われるようになってきたのである。

言語もまた進化する

西田に対するささやかな違和感とこだわりとは、こうして西田個人の文体云々の問題をはるかに越え、やがて私に、ここ一〇〇年ばかりの日本語の変遷にかかわる新たな問題領域を開いてくれることになった。当然のことながら、以下に論じるのは、言文一致の運動であり、明治期の翻訳語の問題であり、敬語や女性語の変遷であり、つまるところ国語・国文学の領域で永年言い古されてきたことの取り上げなおしではあるのだが、本書が目的とするのはソシュールの言う「古物愛好」の趣味ではない。私たちの関心は、あくまでも、「今ここ」における日本語がいかなるものであり、どのようにして生み出され、また、どのように変化しようとしているのかというところにある。もちろん、それを知るためには、わが同胞の苦手とする歴史をふり返ってみる必要があるというだけのことだ。

先ごろの『日本語練習帳』の爆発的なブームにも見られるように、相変わらず巷では日本語をめぐる関心は高く、さまざまな取り沙汰がなされている。いわく「日本語は乱れているか」「日本語はあいまいな言語か」「日本語における女性差別をどう考えるか」云々。だが、こうした議論のほとんどは、五〇年前、あるいは一〇〇年前から論じられてきたことの蒸しかえしにすぎない。私たちにいささかなりと歴史に学ぶ姿勢さえあれば、そうした論議をもう少し実りあるものとすることもできるだろうに、というのが、本書を時代的にさかのぼらせた理由のひとつである。

ただし、日本語の近代史をめぐっては、すでにあまたの碩学《せきがく》たちの業績がある。国語学徒でもない私には、そのはざまをぬって「われも黄金の釘ひとつ打つ」などという大それたことをする能力も意欲もない。かといって、従来の「正統的」国語史を、ポスト・コロニアル的、あるいはニュー・ヒストリシズム的に読みかえながら、新たな境地を開拓するというのも、まだまだ緒《ちょ》についたばかりであるとはいえ、どことなく結論は最初から見えているような気がする。統一的な国家語を目指して言語の多様性を抹殺する「抑圧装置としての国語」を暴くことは大いに結構。基本姿勢には深い共感を抱くものの、これまた、私のとるべき方向ではないように思われた。

　そこで思いついたのは、いわば、「言語の身体性《コルポレイテ》」とでも呼ぶべき側面から日本語に接近し、その身体が「進化」してゆくさまを追いかけることである。あのヴァレリーの言う「思考の身体」としての言語を、あるいはまた、フランスの哲学者メルロ＝ポンティの言う「所作」もしくは「新たな感覚器官」としての言語を、日本語に即して眺めてみるとどうなるか。

　たとえば西田幾多郎にとって、あの奇怪な文章をしたためていたころには、自分自身の身体が、時代に対して一種の異化作用を起こしていたのではないか。つまり、彼が日本における草分けとして初めて日本語で哲学を語っていたころ、日本語は、「思考の身体」として、さほどしなやかに働いていなかったのではないか、と考えられるわけである。それに比べれば、現在の私たちは、かなり自在に「哲学する」ことができている。なぜだろうか。

　言うまでもなく、西田のころから今日に至るまで、日本語という一種の身体性が、私たちの内で練られ、馴らされ、「進化」をとげ、徐々に血肉化されてきたからにほかならない。では、それはどのようなプロセスで。いや、その前に、そもそもひとつの国語がそれを使う人々に違和感をもたらすなどということがあるのだろうか、と、さまざまな疑問が頭をもたげてくるはずだ。

　自分はどうやって足を動かしているのだろうと考え始めたムカデが、突如として前進することができなくなったという小話もあるように、私たちは、何かをしようとする際、自分自身の身体を意識することは稀である。私たちの意識は、腕に向かわず、いっきに掴《つか》むべき対象へとおもむく。同じようにして私たちは、用いている言語を意識することなく、もっぱら語るべき事柄へと向かっている。なんという軽やかな健常者の思考だろう。だが、やがて人は老い、歩くことさえままならなくなって、そこで初めて、「脚で」歩いていたことを思い知る。

かつて子供であった私たちもまた、物事を語り尽くせぬもどかしさに懸命に身をよじりながら、言語を驚異の目で見つめていたはずだ。それにもかかわらず、日本語の現在は、その言語の身体性を会得するプロセスを隠蔽《いんぺい》する。歴史においてもしかりだろう。当然ながら、この書における私たちの目標は、まずは、日ごろ私たちの「思考の身体」になりきっていて意識されることもない日本語を、まさしく「進化」のたまものとしてとらえなおし、それを、歴史を介して「見えるもの」とするところにおかれている。

さらにそこから、私たちはこの進化の道筋を延長し、ありうべき日本語の姿を探ることになるだろう。はたして日本語は、これまで得意としてきた情意表現ばかりでなく、論理表現をも自在にあやつることができるようになるのだろうか。そしてまた、その論理表現を、単なる西洋の亜流でないものとすることができるのだろうか……。

本書の構成

私たちは、まず第一章で、明治の初期に目を向けよう。そのころの日本語は、おそらく、現代の読者の皆さんには想像もつかないほど四分五裂したものであって、話し言葉も書き言葉も、和語・漢語・方言など入り乱れて、てんでバラバラ。かろうじて、漢文をそのまま読み下した「漢文訓読体」が、共通語のように用いられていたと言っていい。こうした状態は、当時の日本人の思考をどのように形づくっていたのか、そのあたりを、まずは見てみることにしよう。

やがて日本語は、この四分五裂の状態をまとめ上げ、漢文的決まり文句《クリッシェ》から脱しようとするのだが、その際、これに最も貢献したのは、外国文献の翻訳であった。私たちは第二章で、翻訳がおよぼした影響を中心に、日本語がいかに変質していったかということについて考える。

第三章では、そこからさらに、私たちの「思考の身体」となるべきたった一つの日本語をつくりあげようとする試みに焦点をあててみたい。私たちは「言文一致運動」「話芸」「速記術」「演説」など、さまざまな領域を横断し、「コノテーション」「デノテーション」といった概念をも使いながら、こうした試みを読みなおすことになるだろう。

第四章では、そのように整備されてきた日本語にとって、いまだ不足していた語彙の問題を取り上げ、新語をつくる際の落とし穴となる「カセット効果」や「言霊《ことだま》思想」について考えてみることにしよう。当然そのためには、日本語の構造や歴史にかかわる考察も必要となってくるにちがいない。

さらに進んで第五章では、日本語の特性に「蠱惑的《こわく》」という表現をあたえ、そのさまざまな側面を描いてみたい。ここでは、源氏物語に例をとったり、暴走族や酒鬼薔薇聖斗のことに言及してみたり、かなり自由な感じで日本語をとらえてみようと思っている。

最後の第六章では、特に日本語の論理性をめぐって話を進め、その論理性の邪魔になりそうな「男女言葉」や「敬語」について議論を展開することにしよう。そのあたりを論じながら、実は、できることなら、西洋語の後追いとはちがった、日本語独自の論理というものの可能性を探ってみたいと考えているのである。

第一章 分裂していた日本語

紋切り型の「文」と卑近な「言」

1 「文体」に翻弄された明治時代

文体が私たちを取捨選択する

今日、私たちが新聞、雑誌、書物などで出会う日本語には、それがどのようなものであれ、およそ私が今ここで書いているような文章が使われており、まずは例外なく、「デス・マス体」か「ダ・デアル体」の漢字かな交じり文となっている。文章語と口頭語との間にも、とりたてて変わりはなく、この言葉を使えば全国津々浦々の人々が、やすやすと意思疎通できるのである。と、まあ、そんなことは、私たちにはあまりにも当たり前でありすぎて、めったに意識することもないわけだが、その意味では、三面記事にしても哲学論文にしても、そこに難易の差こそあれ、基本的には誰にでも分かるたった一つの「普通の文」で書かれていると言うことができるだろう。いわゆる「口語体」である。この口語体なるもの、実は、なかなかよくできており、おかげで私たちは、考えることも、語り合うことも、記録することも、難なくこなしているのだが、忘れてならないのは、こうしたありがたい言葉づかいが私たちのものとなったのはさほど古いことではなく、それも、棚からボタモチのようにして手に入ったわけではないということである。

ことほどさように、たかだか一〇〇年ほどさかのぼっただけの明治の世でさえ、社会の動乱もあいまってか、おびただしい種類の文章が巷に飛びかっており、現在のような万人に共通した口語体などというものは、夢のまた夢であった。ためしに、明治一〇年（一八七七）前後のものから拾い集めてきた実際の例を眺めてみていただきたい（内容はひとまずおいて、その外観のちがいにご注目あれ。ちなみに、以下、引用者によるルビは全て（　）でくることとする）。

①東土謂之儒、西洲謂之斐鹵蘇比《ヒロソヒー》、皆明天道而立人極、其實《そのじつ》一也

②本譯《ほんやく》中所レ稱、哲學、即チ歐洲儒學也、今譯ス二哲學ト一、所三以テ別ツ二之ヲ於東方儒學ニ一也、此語原ト名《なづ》ク二斐魯蘇非《フィロソフィ》一希臘《ギリシヤ》ノ語

③アベセ《ABC》二十六字ヲ知リ苟《いやしく》モ綴字ノ法ト呼法トヲ學ヘハ兒女モ亦《また》男子ノ書ヲ讀ミ鄙夫《ひふ》モ君子ノ書ヲ讀ミ且《かつ》自ラ其意見ヲ書クヲ得ヘシ

④一　軍人第一の精神は秩序を紊《みだ》ること無きを要す、凡《およ》そ軍人たる者は、上に朕《ちん》を戴《いただ》きて首領となすより、下最下等の兵卒に至るまで其間に官階等級ありて、貴賤相隷屬《れいぞく》する所有るは勿論《もちろん》、同列同級の間にても亦《また》停年に新舊《しんきゅう》有りて、新任の者は必舊任《かならずきゅうにん》の者の指揮に従ふを法とす

⑤早速震災御見舞状辱《かたじけな》く拝見致候《いたしそうろう》、幸ニ關東は性質緩慢ニ而體《してたい》したる損害も無之《これなく》、小家は朝飯時ニ際し小生はパン之一小片を其儘《そのまま》携へ六疊の間へ出掛ケ八疊と間の唐紙を開き候位《そうろうくらい》ニ而《して》、其中に鎮靜ニ赴き申候《もうしそうろう》

⑥このまなびエウロツパにては、いとふるくより、つたはりつるものにて、かのギリシアのむかし、アリストツトル《テレス》てふ《という》、なだかきものしりにはじまりて、これを、ロジックのちゝ《父》となんいひぬる

⑦いま なにまれ《もあれ》 かにまれ《もあれ》 なが〱と いひ のべつる ことを はなし《話》と いひ、その はなしを わかつ ときは、ち よろづ《万》の ことばと なり、また ことばを こまやかに わかつ ときは、くさ〲の こゑ《声》とぞ なりぬる

⑧一ツハ一ツ、百ハ百、水ハツメタイ、火ハ熱イト云フト同ジヿ《こと》デ、三歳ノ小兒モ能《よ》ク知ルヿ《こと》デハゴザラヌカ

これらは単なる文例というだけでなく内容もなかなかおもしろいので、あえて読解にも挑戦していただきたいものだが（大意は章末を参照のこと）、それはともかく、文体のみに目を向けてみれば、

①がほとんど漢文の白文（句読・訓点を施さない漢文）、②は返り点つき漢文、③が漢字カタカナ交じりの和漢折衷体《せっちゅうたい》、④が漢字ひらがな交じりのやはり折衷体、⑤は書簡に用いられる訓読調の候文、⑥は西洋かぶれの和文、⑦はもっと擬古的な和文体、⑧はゴザル体の講述文と、ざっと列挙してみたところでも、漢文脈の強いものから和文脈の強いものまで、これほどもの種類にのぼっている。当然ながら、当時の人々がおくっていた言語生活の多様性と困難とは、今日の私たちの想像をはるかに越えていたにちがいない。

たとえば、あることがらを文章にする場合、彼らには、自分たちが属している階層や知的レベルによって、あるいはまた、その話題によって、いやおうなくこうした文体のいずれかが課せられていたのである。漢文体にしても、擬古文体にしても、それが極端になればなるほどいっそう専門化するわけで、そこから締め出される者も多くなるのは必定。そうだとすれば、ある種の話題は、それを語るにふさわしい文体をあやつることのできる一握りのエリートたちが独占してもいただろう。このとき、文体は、私たちが取捨選択するものではなく、逆に、私たちを取捨選択するものとなっていたのであり、つまるところ、当時の人々が身につけていた（あるいは、身につけていなかった）日本語は、自由に自己表現するためのしなやかな「思考の身体」であるよりもむしろ、当の思考を狭いところに閉じこめる桎梏《しっこく》としての身体でしかなかったと言えるのかもしれない。

西周（写真提供・日本近代文学館）

西周とオクトリンガル

　そのうえ、このように外部から形式として強制される物言いは、社会階層や知的レベルによって人々を分断するばかりではなく、一個人の内部においてさえ、その個人を統合的な主体にするよりもむしろ、分裂させる方向に働いていたとも考えられる。つまり、その人物が思索するときと、恋を語るときと、手紙を書くときとでは、まったくちがった文体を使い分けなければならず、それは今日のような「普通の文」の、やや抽象的であったり、感情的であったり、形式的であったりする程度のささやかなヴァリエーションとは、大きく異なっていたにちがいない。

　驚くなかれ、タネを明かせば今しがた引用した文章の数々も、実は、たった一人の人物の手になるものなのだ。その人の名は、西周《あまね》。文政一二年（一八二九）から明治三〇年（一八九七）までの波乱の時代を生きた、日本における西洋哲学研究の草分けである。序章にあげた西田幾多郎の大先輩と言ってもいい。現在では、「フィロソフィー」に対する「哲学」という訳語の考案者としてかろうじて知られているにすぎないが、この御仁、幼少のころより朱子学、徂徠学《そらいがく》、蘭学、英学をつぎつぎに学び、吉田松陰から漢詩の添削を受け、ジョン万次郎から英語を習い、文久二年（一八六三）にはオランダのライデン大学に留学するという大変な人物なのである。森鷗外の遠縁にあたる関係から、この作家の手になる『西周伝』も残されている。

彼は「洋字ヲ以テ國語ヲ書スルノ論」（前出、③の引用文）という一文をしたため、アルファベットで日本語を表記すべきだという主張をとなえたが、それればかりではなく、まさに身をもって当時の錯綜《さくそう》した日本語の状況を生き、かつ、その将来の方向性を手探りしていたのである。上にあげた八種類の文体も、そうした試みのなかで書かれたものと考えてさしつかえあるまい。

西周をはじめとする当時の知識人は、漢文・和文の素養を背景にして、こうした文章をかなり自在に書き分けた。それは彼ら個々人の意図的な文体操作の結果でもあっただろうし、以下に見るように、わずか数十年で文体の大変革をおこなうことになった明治という時代のなせるわざでもあったにちがいない。いずれにもせよ、おおよそ論文的なものは漢文訓読調で、もっとやわらかい物言いのときには和文調を強くし、啓蒙的な講演にはゴザル体を用いてみるといった感じだろうか。どことなく、西が留学したオランダあたりの運河を走る観光船のガイド嬢が、右を向いてはフランス語、左を向いてはドイツ語で……と、同時に七、八カ国ほどの言葉でしゃべってみせる姿に似ていないこともない。

だが、こうしたバイリンガル、いやオクトリンガルほどの人々が、かえって根無し草《デラシネ》の民として、はたからカッコよく見えるほどには自由でも幸せでもなかったりすることは、しばしば指摘されるとおりである。当人が意識しているかどうかは別として、ともすると、あぶはち取らずのようにして思索が深まらなかったり、ある種のことを語ろうとすると、どうしてもある特定の言語を使わなければならなかったりして、かなり不自由をかこっていることも少なくはないらしい。

末廣鐵腸（写真提供・日本近代文学館）

文体に牛耳られる著者たち——末廣鐵腸、福沢諭吉

まあ、それと同じような理屈で、たとえば、明治一九年（一八八六）に書かれた末廣鐵腸《すえひろてっちょう》の『雪中梅』という政治小説でも読んでみれば、そこには、特定の言語ならぬ特定の文体によって牛耳《ぎゅうじ》られる作家の姿がありありと見てとれるのである。

　お春ハ悄然《(しょうぜん)》として立ち上り、右の手にて鬢《びん》のホツレを撫《(な)》で乍《(なが)》ら、一寸《(ちよつ)》と櫛簪《あたまのもの》に気を付け、国野へ目礼し、小声にて、「孰《いず》れ近日。と言ひながら、徐《しず》かに駕籠《(かご)》に乗り移れバ、輿丁《かごや》ハ竹節《つえ》を力にして声を合せ、二挺の駕籠の跡に従ひ、エツサ〳〵飛ぶが如く奔《はし》り去り、林樹《はやし》の蔭に見え隠れとなるを、国野ハ身を伸バし名残《(なご)》り惜気《(おしげ)》に見送り居たるが、誰とも知れず背後《うしろ》より肩を打《(たた)》き、「国野君何をボンヤリして居るのダ。国「オヤ吃驚《びっくり》した。誰れかと思へバ武田君か。マア意外な処《(ところ)》で御目に掛つたものだ。

この作品の中心的な文体は、おおよそ右のようなものと見ていいだろう。ところが、これに続いて風景を描写するだんになると、おもしろいことに鐵腸の文章は、突然、漢文訓読調になってしまうのである。

懸巌相對《けんがんあひたい》して屛風《(びようぶ)》を立つるが如く、其の深き幾百尋《じん》なるを知らず。澗底《かんてい》樹木鬱蒼《うつそう》として、其の下《もと》に水声の洶湧《きようゆう》たるを聞く。一逕《けい》屈曲して巌角《がんかく》を繞《めぐ》り、両崖の狭き処に一の危橋《(ききよう)》を架し、道を前山に通ず。

つまり鐵腸にとって風景描写は、漢詩の素養にもとづくこうした漢文訓読調の文体でしか表現できないものだったわけで、ご当人としてはそこに何ら違和感をもってはいないのだろうが、現在の私たちからすれば、ここでひどく異質な文体の間を飛びこえねばならず、どことなく分裂的な感じがしないでもない。そのうえ、このように文体をツギハギしたような一種「ぎごちない」感覚は、作品中の「描写文」「会話文」「説明文」など多少とも位相を異にすると思われる部分間に見られるばかりではなく、時には、首尾一貫しているはずの一個人の思考の脈絡においてさえ、微妙なところに凹凸をつくってしまうのである。その好例としては、たとえば、福沢諭吉が「門閥制度は親の敵《かたき》」と論じた、あの『福翁自伝』(明治三二年、一八九九)の有名なくだりを思い出してみるのがよろしかろう。

先祖代々、家老は家老、足軽は足軽、その間に挟まっている者も同様、何年経っても一寸《ちょっ》とも変化というものがない。ソコデ私の父の身になって考えてみれば、到底どんなことをしたって名を成すことは出来ない、世間を見れば茲《ここ》に坊主というものが一つある、何でもない魚屋の息子《むすこ》が大僧正になったというような者が幾人《イクラ》もある話、それゆえに父が私を坊主にすると言ったのは、その意味であろうと推察したことは間違いなかろう。こんなことを思えば、父の生涯、四十五年のその間、封建制度に束縛せられて何事も出来ず、空《むな》しく不平を呑んで世を去りたるこそ遺憾なれ。また初生児の行末を謀《はか》り、これを坊主にしても名を成さしめんとまでに決心したるその心中の苦しさ、その愛情の深き、私は毎度このことを思い出し、封建の門閥《もんばつ》制度を憤《いきどお》ると共に、亡父の心事を察して独《ひと》り泣くことがあります。私のために門閥制度は親の敵《かたき》で御座る。

諭吉はこの自伝を口述し、速記者に書き取らせていたわけだが、故郷、中津藩の門閥制度に言及しながら、やがて、この制度によって志をとげられなかった父の無念に語りおよぶと、にわかに感情がたかぶり、ふと和文脈の「こそ〜なれ」の係り結びをもった詠嘆調になって「世を去りたるこそ遺憾なれ」と述懐する。そこから一転して、今度は読者に向かってにじり寄り、「独《ひと》り泣くことがあります」と今日的な丁寧語をともなって訴えかけ、ついには「門閥制度は親の敵《かたき》で御座る」と一般化してゴザル体の演説口調になるのである(1)。

つまるところ、文体間の強制された物言いは、こうした一個人の思考や感情の脈絡においてさえ、それを素直な一本の弧として描き出してはくれず、人々は、理に傾いたり情に傾いたりするごとに異なった文体に捕えられ、さらにその文体が、そうした傾向を助長したり制限したりする大きな力をふるっていたのだということになる。それならば、当時かなり自在な書き分けをしていたように見える知識人たちにとってさえ、これらさまざまな日本語の文体は、必ずしも、自分自身の言葉でじっくりと考えることを助けてくれる「思考の身体」とはならず、自己を外的な規範にあわせて拡散させてしまうような精神分析学で言う「分裂した身体」、ゴワゴワした身体として機能していたのだと考えるのも、あながち的外《まとはず》れではなさそうだ。結局、明治初期の多様な文体は、その背後に、むしろ現実の多様性を柔軟に描き分けられるただ一つの中心的な文体を希求していたのだと言うことができるだろう。

2　ホンネとタテマエへの二極分化――漢文訓読体の弊害

「女色の害」を説く小学生

ところで、こうした「中心的な文体」ということになれば、私たちはすぐさま、当時の社会で一般的におこなわれていた「漢文訓読体」のことを考えないではいられない。たしかに、あの多様な文章を自在にこなす西周でさえ、頻度という点からすれば、やはり中心的な文体として、この「漢文訓読体」を使っていたと言えば言えるのであり、それは、彼の主要な著作や書簡・日記のたぐいから推測するならば、およそ次のようなものであっただろうと思われる。

此學ニ須用《すよう》ナル名目ヲ提出スルニ至リテハ細大遺《のこ》ス無ク綱擧《あが》リ目張リ整然トシテ條理アリ是ヲ以テ初メテ此學ニ従事スルノ徒ニ在テ其門ヲ得其梯《てい》ヲ攀《はん》スルノ便ニ至リテハ此書特ニ其選ニ膺《あた》ル者アラムト云爾《いいしか》

これは明治一一年（一八七八）ごろに書かれた彼の文章の一節だが、現在のわが同胞にとって、はたしてこれが日本語であるのかどうか。若い読者ならば、おそらく、中学校あたりで習った「漢文」じゃないかと言われるにちがいない。そう、まさしくそのとおりではあるのだが、当時はこうした漢文訓読体が、れっきとした日本語だったばかりでなく、最も正式な文章として幅をきかせていたのである。それにしても、まだ祖父か曾《そう》祖父かの時代に、私たちの日本語が漢文さながらであったということは、考えてみれば、なんとも驚くべきことではないだろうか。

ためしに、同じころの新聞を開いてみれば、似たような文章がびっしりと並んでいるのがお分かりいただけるにちがいない。

郵便報知新聞

明治十一年三月二十日　水曜日　第千五百四十二號

『郵便報知新聞』明治11年3月20日の紙面より。漢文訓読体で書かれている（『郵便報知新聞』復刻版、柏書房、一九八九、より）。

左方は外国御雇教師次に市井《しせい》観察警保課等の席を設け右方に勧業博覧会其他の官員　并《ならび》に区長出品人新聞各社の席を按排《あんばい》す此日《このひ》天気快朗風　柔《やわらか》にして塵《ちり》を揚《あ》けず階前の梅花馥郁《ふくいく》坐を侵し泉流潺《せん》湲《くわん》殊に興あるを覚えたり（『郵便報知新聞』明治一一年三月二〇日）

カタカナ交じりかひらがな交じりかを別とすれば、ほぼ同じような文章であると考えてかまわない。内容は、当時さかんに開かれていた勧業博覧会の描写だが、ここに見られる「此日天気快朗風柔にして」などは、まさしくあの日本海海戦の「天気晴朗にして波高し」を彷彿《ほうふつ》させる漢文の決まり文句であるということにもご注目あれ。ついでに当時の小学生の作文をも並べてみて、このての漢文訓読調の文章がいかにメジャーなものであったのか、さらにはっきりと確認しておこう。

人々女色ニ溺ル丶ヲ戒ムル辯《べん》

下総国水海道小学校四級生　渡辺とら

十一年七月

女色ノ害ハ畏《おそ》ルヘシ第一ニハ人ノ身體ヲ尫羸《おうるい》セシメ第二ニハ人ノ心志ヲ柔弱ニ〆《しめ》成立スル事能《あた》ハザラシム第三ニハ驕奢《きようしや》ノ心ヲ生〆華麗ニ流レシム世俗ノ華奢《かしや》ハ皆女ヲ悦《よろこば》シムルノ一念ニ〆無量ノ害ヲ生シテ身ヲ亡シ國天下ヲ亡ス（『頴才新誌《えいさいしんし》』五七號、明治一一年七月六日）(2)

いやはや、小学四年生が「女色の害」について書くのも驚きならば、高度な文章にも舌を巻く。もちろん、いくらなんでも、こんな子供が「身體ヲ尫羸セシメ」（女色の害は身体を軟弱にする）とか、「世俗ノ華奢ハ皆女ヲ悦シムルノ一念」（世の華美なことがらはすべて女性を喜ばせるため）にあるなどという議論をかわしていたとは思えないし、ここに大人の手が入っていないと断言できるわけのものでもないのだが、少なくとも当時の小学校教育において、漢文体のこうした作文が模範であったということだけはまちがいない。

言文の不一致が引き起こす問題

ただし、だからといってこの文体が、先ほど私たちが指摘したような意味合いで明治初期に希求されていた「中心的な文体」になり得るものかといえば、事はそう簡単ではないだろう。右にあげた小学生の例は極端だとしても、そこに象徴的にあらわれているように、そもそも筆者はこの文体によって物を考えているとは思えない。西周ほどの人物ならばいざ知らず、大多数の人々にとってこの種の文体は、自分自身の考えを表明するためのものではなく、おそらくは一知半解のまま、ありがたく押しいただくより仕方のない借物であったにちがいないのである。

それが証拠に、こうした文体は、巷で使われる話し言葉からあまりにも離れすぎていた。当時の人々の日常会話のレベルが、現在から見て、おそらくずっと分かりやすいものであっただろうことは、たとえば先ほど引用した『雪中梅』の会話の部分を見ても、おおよそ見当がつこうというものだ。

「国野君何をボンヤリして居るのダ。国「オヤ吃驚《びっくり》した。誰れかと思へバ武田君か。マア意外な処で御目に掛つたものだ。

もとより、いくら会話の部分だとはいえ、小説の一部になっている以上、これを無造作に当時の話し言葉そのままであると考えるわけにはいかないが、それはまたそれなりに、同時代の話芸あたりから傍証してみることもできるだろう。たとえば、文久元年（一八六一）に創作され、明治一七年（一八八四）に速記録のとられた、あの三遊亭円朝の落語『怪談牡丹燈籠《ぼたんどうろう》』の語りの部分はこんな具合になっている。

嬢様は恥かしいが又嬉しく、萩原新三郎を横目にぢろ〳〵見ない振《ふり》をしながら見て居ります。と氣があれば目も口ほどに物をいふと云ふ譬《たとへ》の通り、新三郎もお嬢様の艶容《やさすがた》に見惚《みと》れ、魂も天外に飛ぶ計《ばか》りです。

あるいはまた、幕末の名手、初代春風亭柳枝《しゅんぷうていりゅうし》が作り、それを三代目の柳枝が「古い話で御座いますから昔の通りに申上ます」と言って明治二六年（一八九三）に記録させた『お節徳三郎　連理《れんり》の梅枝《うめがえ》』からしても、まずは同じような語り口と見うけられる。

主「饒舌奴《おしやべりめ》、ベラ〳〵饒舌《しやべり》やァがって」
兼「饒舌《しやべ》ろつて云ふから云つたんです」
主「他家《よそ》へ往《いつ》て云ふと聞かないぞ」
兼「然《そ》んな事を他家《よそ》へいつて饒舌りやァ為《し》ません」
主「用は無いから見世《みせ》へ行け」

してみると、こうした日常会話と当時の漢文訓読調の作文、いわゆる「言」と「文」とのへだたりは、今日の日本語からは想像もつかないほど大きいものであったと言えるだろう。やがて、あのいわゆる「言文一致運動」が唱えられるゆえんである。それにしても、こうした言文の不一致は、私たちの内にどのようなことを引き起こすのだろうか。

それは、一方では、「言」を卑近で瑣末《さまつ》なコミュニケーション手段へとおとしめることになり、他方では、「文」を形式的で尊大なスローガンに仕立て上げることになる。つまり、現代風に言うならば、会話の方を、わが同胞の好むモーニングショー的なゴシップやスキャンダル、ファッションやグルメの話から上役の悪口など、矮小化《わいしょうか》された日常の瑣事に終始させることになり、文章の方を、これまたわが同胞の得意とする結婚式の祝辞や朝礼の訓示、時候の挨拶や公用文のような、内容空疎なフォーマリティーにしてしまうのである。一般的には、ホンネとタテマエとの二極分化を助長するものと言うべきか。もちろん、ホンネとタテマエの使い分けなど、どこの社会にもありはするが、それも極端に走ればそれなりに独自の国民性をつくり出す。理想を掲げるタテマエから切り離されたホンネは、どこまでも下卑《げび》て無節操になりかねないし、日常語のホンネによって切磋《せっさ》琢《たく》磨《ま》されないタテマエは、ひとえに権威主義的な画餅ともなりかねない。

現在でもこうした言文不一致の時代の名残《なごり》が、日本人のホンネとタテマエとの使い分けを見事に性格づけている、といったことを論じるのは別の機会にまわすとして、さしあたり、明治初期のこの二極分化の傾向については、日常会話を大幅に取り入れた戯作《げさく》文学の下世話な内容と、格式ばって天下を語ろうとする大風呂敷の政治談義とを比較すれば足りることではあるだろう。

此あひだ壽仙《じゆせん》へわちきのしつてゐるシヤボンさんといふ異人《ゐじん》さんが來て牛肉《うし》をもつてきてげいしやにたべろといふと一座《いちざ》がおたまさんにふく松さんに小みつさんにおらくさんサみんなが異人《ゐじん》なれないもんだからいやがつてにげてあるくのをおもしろがつておツかけちらしておらくさんをつかまへてむりにくちのはたへもつていツたもんだからおらくさんが大ごゑをあげてなきだしたハネ（假名垣魯文《かながきろぶん》『安愚樂鍋《あぐらなべ》』二編下）（明治五年、一八七二）

今日之如キ大変態開闢《かいびやく》以来未曾《いまだかつ》テ聞サル所ナリ、然ルニ尋常定格ヲ以豈是《あにこれ》ニ応セラルヘキ、今ヤ一戦官軍勝利ト成リ巨賊《きよぞく》東走スト雖《いえども》。巣穴鎮定ニ至ラス、各国交際永続ノ法立タス、列藩離叛《りはん》シ方向定ラス、人心洶々《きようきよう》百事紛紜《ふんぷん》トシテ復古之鴻業《こうぎよう》未《いまだ》其半ニ至ラス、纔《わずか》ニ其端ヲ開タルモノト云ヘシ（大久保利通「大阪遷都ノ建議」）（明治元年、一八六八）

つまり、かたや江戸時代の流れをくんで当時もなお行なわれていた戯作の会話文体では、結局、日常の表層的な話題に終始して、紋切り型の勧善懲悪思想をふりまわすのがせいぜいのところであったし、こなた建白書や意見文などの漢文体では、たかだか社会の動揺がおさまらないという程度のことに、人々は「大変態」「開闢」「巨賊」などの大仰な物言いをして悦にいっていたわけである。一方には、卑俗な生活ばかりがあって人生がないというか、他方には、人生を声高に論じるばかりで地に足のついた生活がないというか、いずれにせよ、その言葉を使って緻密に物事を考えるという視点は、どちらの側からも、すっかり欠落しているように思われる。

卿ガ朱《あかい》唇《くちびる》ヲ一嘗《なめ》ス——漢文訓読体の黄昏

こうしてみると漢文訓読体は、明治初期にいくら手本にされていたとしても、結局のところ、タテマエの側に偏した形式化のきわみにあるわけで、当然ながら、そんなお仕着せの文体は、当時の人々が自分自身の言葉で考えるための「中心的な文体」となるところからは、ほど遠いものであった。この時代に幼少期をおくった柳田国男（一八七五～一九六二）は、そのあたりの事情をこう回想している。

小学校の出来るよりもずつと前から、晴れの言葉だけは皆口移しに教へられて居た。［……］乃《すなは》ち暗記が本位であつた故に、私等の頃には山へ行つたといふ記事文には、きまつて一瓢《いつぴよう》を携へと書き、此日天気晴朗といひ、家に帰つて燈下に此記を作るなどと書いて笑はれたものであつた。（「国語の将来」）

実際、当時の作文には、年端《としは》もいかない子供が「杖を曳《ひ》き一瓢をたづさえて」梅を観にいく姿が、かなり頻繁にあらわれてくるのである。ここで、賢明なる読者の皆さんは、先ほど引用しておいた『郵便報知新聞』の一節を思い出されるにちがいない。「此日天気快朗風柔にして塵を揚げず階前の梅花馥郁《ふくいく》坐を侵し泉流潺湲《せんくわん》殊に興あるを覚えたり」。そして再度、あの日本海海戦の「天気晴朗にして波高し」の一句をも……。明らかに、こうした漢文訓読体は、決まり文句《クリッシェ》をつぎはぎする傾向が強く、知らず知らずのうちに、既成の、借物の思考を強いてくる。それは、明治初期の激動の時代を生き、新奇なものに驚きの声をあげた人々の表現意欲に応えられるような代物《しろもの》であろうはずもないし、転換期の清新な感性に見合うほどの文体でもありえない。

たとえば、怒濤《どとう》のように流れこんできた西洋の書物のなかには、江戸趣味の浮世話や心中物とは一味ちがう恋愛小説というものがあった。これを漢文訓読調で訳すとどうなるか。随所で引用されるその好例があるので、少しばかりお楽しみいただこう。題して『欧州奇事《おうしゅうきじ》　花柳春話《かりゅうしゅんわ》』（丹羽《にわ》純一郎訳、明治一一年、一八七八）。原題は『アーネスト・マルトラヴァース』という主人公の名を冠したもので、著者は英国の作家・政治家ブルワー・リットン（一八〇三～七三）。この人物は、満州事変の際に国際連盟の調査団長としてわが国を訪れたあのリットン卿の祖父である。

ドイツ留学からの帰り道、学生マルトラヴァースは日暮れの道に難渋し、とある茅屋《ぼうおく》に一夜の宿をとるが、ここで美少女アリスに出会う。このアリスのおかげで、ふりかかる危難から逃れることのできたマルトラヴァースは、彼女を愛し、この山出しの少女を『マイ・フェア・レディ』のイラ

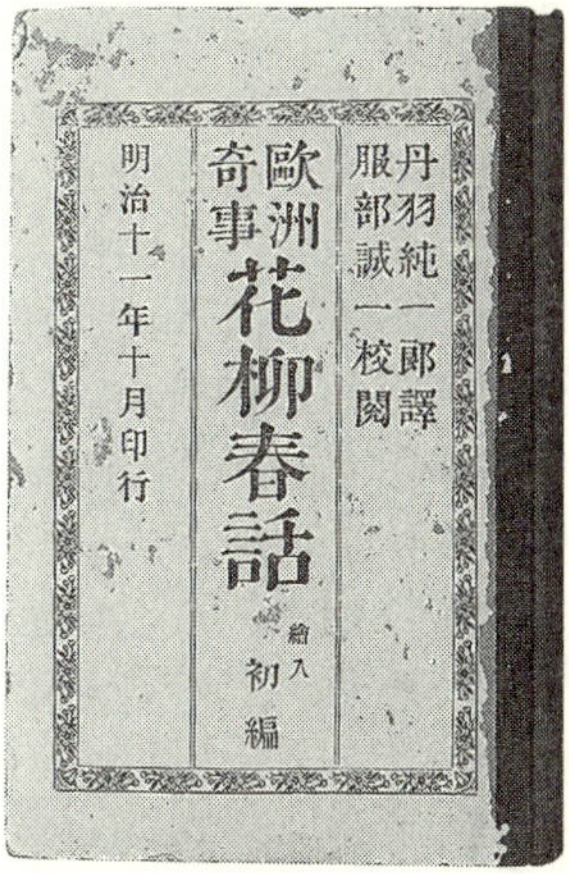

『歐洲奇事　花柳春話』（初編、明治11年刊）**と同書中の挿画**（川戸道昭氏蔵）。

イザよろしく、見事な淑女に仕立て上げていくという話。まあ、気軽に、そのストーリーや雰囲気を楽しめばいいという程度の三流のメロドラマではあるのだが、しかし、次のような翻訳で、はたしてその味が出せるものかどうか。

少年帙《ちつ》ヲ収メ少女ニ對《たい》シテ曰《いわ》ク余ハ此薄暮ノ時ヲ愛ス卿《けい》亦然《またしか》ルヤ。曰ク妾最モ此時ヲ好ムヿ《こと》恐ラクハ君ヨリ甚シカラン。曰ク請フ其然ル所以《ゆえん》ヲ聞カン。曰ク他ナシ唯《た》ダ此時ハ妾ガ君ヲ思フノ情、殊更《ことさら》ニ切ナレバナリ。疑フラクハ君　却《かえつ》テ妾ヲ思ハザルベシ。マルツラバース微笑シテアリスノ額前ニ垂ルヽ数縷《すうる》の緑髪ヲ撫シ去テ曰ク黄昏《たそがれ》ニ卿ヲ看《み》レバ眞ニ少年ノ如シ。

英語の原文を参照してみると、かなりの意訳になっており、わずかこれだけの部分にさえ少なからぬ誤訳もあるが、まあそれはさておき、この丹羽純一郎の訳をそのまま現代風にアレンジしてみれば、およそこんな具合になるだろう。


少年は本を閉じ、少女に向かって語りかけた。

「黄昏時って好きだなあ。きみもそう思うかい。」

「私、ひょっとしたら貴方より、もっと好きなのかもしれないわ。」

「どうして?」

「どうしてってこともないけれど、黄昏時って、貴方を想う気持がとくに強くなるような気がするの。貴方は私のことなんて考えても下さらないでしょうけれど。」

マルトラヴァースは微笑み、アリスの額にかかる前髪をなであげて、こうささやくのだった。

「夕日に映るきみって、なんて初々《ういうい》しいんだろう。」


なるほど、丹羽訳にも「薄暮ノ時ヲ愛ス」とか、「殊更ニ切ナレバ」とか、なかなかしゃれた雰囲気があって捨てたものではないのだが、それにしても、英国風センチメンタリズムを表現するには、いかにもそぐわない文体ではあるだろう。いささか揚げ足を取りすぎるにしても、I should sleep well if I could get one kiss from those coral lips. という部分が「僕若《も》シ幸ニ卿ガ朱唇《あかいくちびる》ヲ一嘗《なめ》スルヲ得バ能《よ》ク安眠ニ就カンノミ」と訳されているところなどで大いに笑いながら、これをその文体のそぐわなさの象徴として覚えておくのも一興というべきか。

こうして漢文訓読体は、次第に時代からとり残されながら、それでもなお五〇年ほどの余命を保ち、ようやく今次大戦の敗北をきっかけにして決定的に時代遅れのものとなってしまう。おそらく、この文体がすっかり滑稽なものになりさがった姿を描き出している記念すべき表現は、戦後、颯爽《さっそう》と登場してきた石坂洋次郎の『青い山脈』(一九四七)の一節に見られるものだろう。新時代の化身ともいうべき主人公の新子が書いたとされるラブレターを、旧時代の国語教師・岡本が一同の前で読み上げる箇所である。

> 岡本老教師はすっかりショゲかえっていた。幼い時から孔子や孟子の教えでたたき上げられて来て、今日でもそれを一徹に信奉している彼としては、いかに職責とはいえ、汚らわしいラブレターなどを朗読するということは、胃袋を裏返しにされるほど辛いことだった。
>
> [……]
>
> で、岡本教師は、悲痛な勇気をふるい起し、例の老人にしては高すぎる声で、
>
> 「それではごく簡単に、この重要書類の内容を説明いたしします。
>
> ――アア、わしはそなたにラブしておる。思いこがれて死なんばかりである。それじゃによって、そなたもわしの心をくんで、情けをかけてもらいたい。もしそなたに、わしの熱烈なるラブをかなえる気持があるなれば、木曜日の午後四時ごろ、公園の松林において密会をいたそ

う。委細はそのとき談合いたそうではないか——。

かような意味の手紙でございまして、かの『恋しくばたづね来てみよいづみなる信田の森のうらみ葛の葉』という古歌の趣とやや似通っておるかに思われまする……」と、岡本老教師は、最後の部分に、一首の風流を点じて、不快な報告を終った。

この一節はまぎれもなく漢文と古文とへの二つながらの弔辞であり、このあたりを機に、両者はすっかり過去のものとなってしまう。とりもなおさず明治初期の漢文訓読体は、隆盛をきわめたように見えながら、その実、すでにこうした凋落《コマンスモン・ドゥ・ラ・ファン》の始まりを感じ取っていたのである。

3 「言」の混乱——個別言語《イディオレクト》、方言

個別言語間のディスコミュニケーション

しかし、そうだとすれば、あの下世話な次元に終始する戯作文学はさておいても、当時の人々は、日常感覚に近い「言」の側に拠りどころを見出すわけにはいかなかったのだろうか、と、誰しもそう思うのが道理だろう。だが、それもまた、やはり明治の初期という時点では、かなわぬ夢であったと言わざるをえない。よくよく考えてみればあたりまえのことながら、当時はまだ、今日のよう

な標準語や共通語などといったものがなく、人々は、それぞれが見事な語感に裏打ちされてはいるけれど、きわめて狭い範囲でしか通じない個別言語《イディオレクト》を使用していたからである。

先に見た末廣鐵腸『雪中梅』の会話の部分と、春風亭柳枝『お節徳三郎　連理《れんり》の梅枝《うめがえ》』のそれとを比べてみるだけでも、語り手の帰属集団のちがいがもたらす異なった語り口は、おのずと明らかになってこよう。さらに、坪内逍遥《しょうよう》の『当世書生気質《とうせいしょせいかたぎ》』あたりを開いてみれば、そうした言葉づかいが、登場人物に応じてはっきりと書き分けられていることにも合点がいこうというものだ。

ドウセ車夫《くるまや》の待《(また)》せついでだ。あの葭簀張《(よしずばり)》のあたりへいつて。更に一喫煙《いっぷく》としやうじやアないか。（四〇代前半の檀那《だんな》）

實に夕陽《せきよう》に映ずる景色ハ。また格別と言はざるを得ずです。（三〇代半ばの銀行員）

姉《ねい》さんがやらなけりやア。妾《わたい》だつて否《いや》ですワ。（一〇代後半の芸妓《げいぎ》）

彼がしバ〱君の方を。振りかへつて見ちよつたからサ。餘《(よ)》ツ程《(ほど)》君をラブ［愛］して居るぞう。（二〇歳くらいの学生）

羽振りのよさそうな檀那は鷹揚《おうよう》な大人の物言いをし、銀行員は漢学書生のおもかげを残し、芸妓は花街の女言葉を使って、学生は洋学書生の特徴を示す。この程度なら、まだそれなりに意味も通じはするだろうが、それぞれの隠語がきわまるところ、まさに個別言語間のディスコミュニケーションが発生する。たとえば、こんな洋学書生の会話が、すぐさま芸妓に理解されたのだろうか。

想ふに又貸とハプレテキスト［遁辭《にげこうじやう》］でセブン［七《しち》］へポン［典《いれる》］した歟《か》。セル［賣《うる》］したに相違ない。實に非道《ひどい》でないかなア。

著者の坪内逍遥は、ここに注をつけ、「作者曰く須河［この科白《せりふ》の主］の言語《ことば》ハ如何なる地方の言語《ことば》なるかと不審をいだく人もあるべしこハ何処《（どこ）》の方言《ことば》と定まりたるものにあらず書生社会に行なはる、駁雑《はくざつ》なる轉訛言語《なまりことば》と思ふべし蓋《（けだ）》し書生中にハ上方《かみがた》の生《うまれ》にありながら態々《わざわざと》土佐《さ》方言《ことば》などを真似る者ありて一概に何処の方言《ことば》とも定めがたけれバなり」と言っている。

まさしく、こうした社会階層や教育水準などによるあまた数の方言とも言うべき個別言語が見られ、そこへきて、本来の意味での方言というものがあり、さらに、官軍となった栄誉によって模倣されるべき薩長土肥の擬似方言が存在していたのだとするならば、一体、当時の会話レベルの日本語がどのようにして通じ合っていたのかと不思議に思う方が、むしろ理にかなっていると言うべきだろう。幕末に全国各地で開かれていた倒幕の密談に、方言間の通訳がいたのいなかったのという話も、あながち眉唾物ではなさそうだ。あの『國語元年』で井上ひさしが多分に戯画化して描いている明治七年の状況も、長屋の女房が公家言葉を使う落語『たらちね』の噴飯物の一場面とともに、きわめて正確な当時の再現となるのである。

井上ひさし原作『國語元年』の舞台から（こまつ座第65回公演、撮影・谷古宇正彦）。個別言語間のディスコミュニケーションを戯画化して描く。

ちよ　（修二郎が去るのを見て）けっ、アタ、ケッタイなボケナス。（南郷家の人々に向い）おう、早く《ハヨ》清之輔を出さんかい。あてはな、女のうらみほどオットロシイもんはこの世にないチュウことを、清之輔に教えとうて大阪から出てきたんや。清之輔を隠したりしたらタメにならんで。わかったのー。

加津　（裂帛《れっぱく》の気合）お控えなさいまし。

ちよ　（さすがに気圧《けお》されて）な、なんじゃい。

加津　全体になにを申されているのやら皆目見当がつきかねます。

ふみ　そうだ《ンダ》ンダケ、突拍《ト》子《ン》もない訛《なま》り具合《グエー》で、とてもの事《ゴド》にこの日の本《モド》の言葉とは思われ《ドワオモワンニャ》ながったゾ。

ちよ　なにぬかしてけつかんねん、チイトモわからん。

たね　わからんのわからんで、これがホントのお互いさまサネ。（『國語元年』）

ここではそれぞれ、ちよは大阪の河内弁、加津は江戸の山手言葉、ふみは羽州の米沢弁、たねは江戸の下町言葉をしゃべり、たがいの通じなさが登場人物自身のセリフで語られている。当時、遠くはなれた地方の人々が一堂に会すると、まぎれもなくこうした光景がくり広げられたに相違ないのである。そもそも私たちは、今では、伊達政宗が武家言葉を使う以上に東北弁をしゃべり、織田信長が名古屋弁のキャーモ言葉で天下取りの相談をしていたなどということは、考えてもみないだろうし、将軍家と天皇家とのソリの合わなさの一因に、公家言葉と武家言葉との落差や、都言葉と東《あずま》言葉との垣根があったことに思い至りもしないだろう。だがそれは、大河ドラマや時代劇に親しみすぎた現代人の回顧的錯覚とも言うべきもので、このあたり、時代の状況を理解するために、井上ひさしの構想力にまさるものは見つからない。とすれば、つまるところ、「言」の側にも人々は何一つ拠りどころとなるものは見出せなかったわけである。

虚空にたった一人で立つ表現者

結局、当時の「言」と「文」とのへだたりは私たちの想像をはるかに越え、一方は会話内容の矮小化へ、他方は形式的な文章の空洞化へと傾いていた。そのうえ、文は文で、さまざまな文体がせめぎあい、どれ一つとして自分の言葉を語らず、言も言で四分五裂。時にはコミュニケーションにも支障をきたすようなありさまであった。だが、時代は世界へと開かれ、人々は世界と語るべき言葉をもたねばならず、またその開《ひら》けによって、逆に否応なく「日本」という単位を意識し始めたかぎりは、この日本全体に流通する言葉をもたねばならなくなっていた。当時、いやしくも文筆・口舌で身を立てようとするほどの者は、そうした二重の要請に心をくだきながら、まずは虚空《こくう》にたった一人で立つという経験から始めるよりほかなかったのである。

ここで私たちは、序章で触れておいた西田幾多郎の「奇怪な文体」に対し、ようやく、何らかの立場をとりうる共通の前提に達したように思われる。この前提を踏まえない批判も共感も、およそ小林秀雄の言うあの「湯屋の都々逸《どどいつ》」でしかありえまい。つまり明治三年（一八七〇）に生まれた西田は、まさしく、明治初期のこの言語的混沌の時代に幼少期をおくり、何ら拠りどころのない状況のなかで、みずからを言語の極北に立つべき哲学者として鍛え上げていったわけである。

やがて彼は、圧倒的な厚みをもつ思想言語としてのドイツ語に触れ、ベルクソンに象徴される緻密なフランス哲学にも共感するようになる。そうした外部を経由して自分自身の内部に日本的「純粋経験」の世界をかいま見たとき、みずからの手元にあったのが、あの卑近な日常に終始する「言」と大時代的で空虚な「文」とに分裂し、そのそれぞれが四分五裂している日本語という表現手段であったとしたらどうだろう。

西田の研究者たちは、ほとんどの場合、微に入り細を穿《うが》って彼の思想内容を検討するわりには、こうした単純な言語の問題には気づいていない。おそらく、そのあたりのことについて最も意識的だったのは西田自身なのであり、実は、この問題については、昭和になってからさりげなく彼自身が随筆の形で書き残しているものがある。まさにその名も「始めて口語体の文章を書き出した頃」。その冒頭はこんなぐあいに始まっている。

私の書くのは、今日の若い人々から見れば、言文一致とか口語体とかいふものではなからう。併《しか》しそれでも漢文書き下しの文体から今の様な「である」式の文体に移るのは、中々むづかしかつたものである。(旧仮名づかいは残し、漢字は今日のものに改めた。)

明治がようやく二桁になろうとする彼の少年時代、故郷の金沢には、あちらこちらに漢学塾があり、まだ小学校では江戸期以来の『十八史略』などを読まされていたらしい。中学校に上がっても、作文の主流はやはり「漢文」もしくは「漢文書き下し体」であり、国文と言われるものは「少しも」教わらなかったという。現在も続いている『哲学雑誌』の初期のものにも、「表紙の裏まで漢文で哲学の定義の様なものが書いてあつた」ほどだ、と、彼は述懐する。やがて、高等学校(四高)になってようやく国文らしいものに出会ったかと思いきや、それもせいぜいのところ新井白石の『折たく柴の記』どまりであり、結局、彼はみずからをふり返って、こう結論づけるのである。

それで少くも私は国文といふものは殆《ほと》んど教へられもせず、学びもせなかつた。今日でも国文の古典的文法や仮名つかひなどには誠に困る。

こうした西田が、初めて言文一致体に触れたのは、『国民之友』に載せられた山田美妙《びみょう》の「胡蝶」であったというから、明治二二年（一八八九）の一月、彼が一九歳の時のことだろう。ただし、哲学論文などをこうした文体で書くのは「まだ中々」のことだったらしく、今で言うレポートのようなものでさえ、すべては漢文書き下し一色となっていたようだ。それがようやく、わずかに変化を見せ始めたのは、大学を卒業するころだったろうか……と彼は記憶をたどり、「いつ頃であつたか、大西といふ様な人が哲学雑誌に言文一致体のものを書かれた様に記憶して居る」と証言する。そうしてこの頃から、西田は言文一致体を試みるようになる。

私などもそれから遠からず漸々《ぜんぜん》哲学的論文も言文一致体で書かねばならない、その方が自分の思想を十分自由に現すことができると云ふことが分つて来た。そしてその様に努力して見たが、始はどうもそぐはないといふ感がして、幾度か試み幾度かやめた。その中とうとう今の様なものになつてしまつた。今はもう元の様な漢文書き下し体のものを書いて見ようと思つてもできない。もう何かその調子といふ様なものを忘れてしまつた。併し元来が右の様な経歴を有《も》つて居るので私の文章は生硬たるを免れないだらうと思はれる。

漢文書き下し体によってはぐくまれた西田幾多郎は、やがてみずからの思想を自由にあらわすためにさまざまな文体を模索し、紆余曲折を経たあげく、やがて良くも悪くも落ち着くべきところに落ち着いた。それがいかに奇怪なものであろうとも、今さら、もとの漢文書き下し体には戻れない。もうその調子を忘れてしまったから……彼の試行錯誤には、まぎれもなく、苦渋に満ちた現代日本語の歩みそのものが含みこまれているのである。

(1) 福沢諭吉のこの一節が感情の変化に応じて文体を混在させているという着眼は私自身のオリジナルな発想だと思っていたら、はるか以前に樺島忠夫氏によって指摘されていることを発見した(「文体の変異について」『論集 日本語研究8 文章・文体』有精堂、一九七九年、所収)。また、それを指摘している氏の論文のおかげで末廣鐵腸にも言及することができた。記して謝意を表したい。

(2) 阪倉、寿岳、樺島『現代のことば』三一書房、一九六〇年、六六~七ページ

二一~二二ページ・引用箇所の大意

① 東洋の儒学と西洋の哲学とは、万物を明らかにして人間を確立するものとして、根本は同じである。

② この訳で哲学となっているのは、ギリシャ語のフィロソフィーであり、西洋における儒学なのだが、こう訳すことで、東洋の儒学とは区別している。

③　ＡＢＣの二六文字を覚えて読み書きを習えば、「子供も女性も田舎者も」、教養ある男性と同じように書物を読んだり、自分の意見を書いたりすることができる。

④　軍人にとって一番大切なのは、秩序を守ることだ。上は天皇から下は「最も下等な」兵卒にいたるまで、すべてに階級があり、下が上に従うのはもちろん、同じ階級のなかでさえ古参と新参との差があるので、新は旧に従わねばならない。

⑤　地震のお見舞いありがたく拝見しました。幸い関東ではたいしたこともなく、わが家は朝食の最中だったのですが、私はパンのかけらを持ったまま、六畳間に行って八畳間とのあいだの襖を開いた程度のことであり、そのうちにおさまってしまいました。

⑥　この学問は、ヨーロッパには古くから伝わるもので、古代ギリシャのアリストテレスという知識人から始まっており、彼を論理学の父と呼んでいる。

⑦　何でもいいのだが、今こうして長々と話していることを「話」と言い、その「話」を分析すればたくさんの「言葉」となり、さらにその「言葉」を分析すれば、さまざまな「声」となる。

⑧　一は一、百は百、水は冷たい、火は熱いというように、三歳の子供にだって分かることではありませんか。

第二章

翻訳が日本語を変えた

「周密文体」を求めて

1 漢学への訣別——翻訳王・森田思軒

「陳言」から逃れられるか

明治維新は、まさにその名のとおり、鎖国から開国へ、士農工商から四民平等へと、すべてが一新され、人々の世界観も価値観も変わってしまうような一種の認識体系《エピステーメー》の転換が生じた時期であった。しかしながら、そんな激動の時代に表現をあたえるべき当時の日本語の方はと見れば、「言」と「文」との遊離もはなはだしく、言は言、文は文で、それぞれが四分五裂しているという惨状を呈していたのである。そのうえ、言文の遊離は、一方の「言」を日常の瑣事《さじ》に閉じこめ、他方の「文」を形式的で大時代的なものにする。言葉は表現の具である以上に、まずは最初から表現をゆがませる具として働いていたと言ってもいい。当時、新たな感情や思想を、自分自身の言葉で語ろうとするほどの人々にとって、これがどれだけの逆境であったのか、現在の私たちにとっては、なかなか想像しにくいものであるにはちがいない。

さて、ここに、そうした状況を一身に受けて、これと正面からわたりあった男がいる。その名は森田思軒《しけん》(一八六一~九七)。今では彼を知る人も多くはなかろうが、かつては『郵便報知新聞』の敏腕記者として知られ、やがてヴィクトル・ユゴーの『探偵ユーベル』やジュール・ヴェルヌの『十五少年［漂流記］』、ポーの『間一髪』などを次々に訳し、「翻訳王」の異名までとった人物である。明治四〇年（一九〇七）に公刊された彼の全集の巻頭には、森鷗外が略歴を書き、徳富蘇峰《そほう》、幸田露伴がそろって序を書いているところからしても、当時の世評のほどが知れようというものだ。彼は「日本文章の将来」（明治二一年、一八八八）という一文の中に、こう書いていた。

今の文学世界には是れぞ日本普通《ふつう》の文章なりと云へる一定の体裁《ていさい》あらさるなり故に我々か初めて筆を執《と》り文を作《つく》るを学ふとすれば其の巧拙《こうせつ》を吟味《ぎんみ》するよりサキに先《ま》づ如何なる体裁《ていさい》の文章に拠《よ》るべき歟《(か)》と其の文体より穿鑿《せんさく》せねバならぬなり［……］余は思ふ現時の文章の中にハ我々か手本とすへき文体ハ一も之《(こ)》れ有らさるなりと何そや是迄の文章はタヾ是迄の人の考《かんがへ》を寫《うつ》すたけの役目《やくめ》をなすのみ未た我々が将来の日本人に望《のぞ》む所の細密《さいみつ》なる繁雑《はんざつ》なる錯綜《さくさう》せる考を寫すにハ足らさるなり

森田思軒（写真提供・日本近代文学館）

すでに私たちが見てきたように、思軒もまた、当時、「日本普通の文章」というものが存在せず、物を書くときには、その内容を考える前に、まずはどの文体を用いるかという問いに煩わされてしまうといった日本語の状況をはっきりと捉えている。そのうえで、現在の文章のなかにはわれわれが手本とすべき文体は一つもない、と彼は、そう漢文訓読体で書くのである。これを「クレタ人は嘘つきだ」といったたぐいの矛盾した形式論理として茶化すのは勝手だが、むしろ私たちは、その自家撞着の中にこそ、彼の切実な状況を見てとるべきであるだろう。徳富蘇峰は、つねづね思軒の学を評して「漢七欧三」と言っていた。これはつまり、彼の素養は漢学が七分、洋学が三分という意味であり、そうだとすれば、この漢学に精通した思軒が、それでもなお、当の漢学そのものに三行半《みくだりはん》をつきつけねばならなかったことの深刻さが感じ取られるべきなのだ。

私たちは第一章で、当時、漢文訓読調の文章がいかにメジャーなものであり、しかしまた、いかに時代錯誤的なものであったかということを、つぶさに見てきたはずである。そのあたりの事情を思軒はしっかりと見すえていたのであり、そうした彼の考えは、これまた「文章世界の陳言《ちんげん》」（一八八七）という小論に簡潔にまとめられている。陳言とは「陳腐熟套《ちんぷじゅくとう》」の言いまわし、つまりは決まり文句《クリッシェ》のことである。彼いわく。現在のわが国の文章の欠陥は、この陳言から逃れられないところにありはしないか。たとえば、戦場を「修羅道《しゅらどう》」、苦境を「阿鼻焦熱《あびしょうねつ》」と形容し、砲声を「雷」にたとえ、「茫々《ぼうぼう》たる何々、漠々《ばくばく》たる何々」という紋切り型の表現を重ねてしまうのがその例になるだろう。この手の言いまわしばかりしていては、同じ刺激のくり返しで皮膚にタコができるように、脳髄にタコができてもおかしくはない、と彼はそう論じ、知らず知らずのうちに、既成の、借物の思考を強いてくる漢文調の物言いに警鐘を鳴らしているのである。

それにしても、思軒がみずからの「思考の身体」として幼少のころから身につけてきた漢文訓読体をここまで疑問視するには、よほど切実な体験でもあったのかと穿鑿《せんさく》したくもなるのだが、それについて取り沙汰されているのは、たとえば明治一八年（一八八五）の出来事である。

当時、彼は『郵便報知新聞』の記者であり、うち続く不景気と凶作とに苦しむ庶民の窮状視察員として山陽道に派遣されていた。ところが、この時、現地で目にした光景こそ、彼の文体にとっては、まさに筆舌に尽くしがたいものであったらしい。つまるところ「修羅道」と書き「阿鼻焦熱」と書いても、その漢文体は、どうにも現実をすくい取れなかったにちがいないのである。ここから始まった彼の「文体論的回心」（寺田透）は、こうした原体験をもとに、まもなく翻訳作業を通して欧文の緻密な論理展開へと傾いてゆくことになり、それは、やがて彼に「細密《さいみつ》なる繁雑《はんざつ》なる錯綜《さくそう》せる考を寫す」に足る文体を考案させもするだろう。いずれにしても、この時点で、のっぴきならぬ状況におかれていた漢学は、洋学の知恵を取り入れながら、新しい文体を手探りしてゆくよりほか、なすすべはなかったのである。

細密なる文体を求めて《ア・ラ・ルシエルシュ・ダン・スティル・エグザクト》

思軒はやがて、「思軒調」と呼ばれる独特の翻訳文体を考案する。語や文の長さを原文の長さに似せようとしたり、語の順序にまで原文を生かそうとしたり、実践的なテクニックとしてこれを論ずれば枚挙に暇《いとま》はないだろうが、その基本姿勢は、彼の「翻訳の心得」（一八八七）に語り尽くされていると見てさしつかえない。

彼は言う。たとえば英語で「心に印す」と書かれているとしよう。これまでの翻訳は、おおよそ、それを「肝に銘ず」と意訳し、こなれた日本語になおしてきた。しかしながら、これからは、むしろ逐語訳に近づけて「心に印す」と訳すべきなのだ。なぜなら、そうすることによって私たちには、日本人の発想では「肝に銘ず」と言うところを、西洋人たちは「心に印す」という別の表現によって理解しているのだということが分かるからであり、つまりは、彼らの「意趣《いしゅ》」が理解できるからである。たとえば、「重いもの」や「軽いもの」を訳そうとして「泰山《たいざん》より重く鴻毛《こうもう》より軽し」とすれば、その文脈とは何の関係もない漢文的決まり文句《クリッシェ》が生みだすイメージにからめとられてしまう。ありのままに表現することはおろか、斬新な発想など採りいれるべくもないだろう……云々。

結局のところ思軒は、西洋語を日本語の方に引き寄せるのではなく、むしろ日本語を西洋語の方に押しやろうとしているように見える。なぜか。それは彼が、「将来の日本人に望む所の細密なる考を写す」に足る、まさに「日本文章の将来」を、西洋の文体に即して夢見ていたからである。

> 細密なる考へを寫《うつ》すにハ細密なる脳髄《のうずい》より生したる文体を手本とするより外《(ほか)》なかるへし細密なる文体とは日本現時の文章にあらす勿論亦《(もちろんま)》た支那の文章にあらす即ち我々か脳髄の手本とする西洋人の文体に由《よ》るより外なかるへし

西洋人の脳髄までが細密であるかどうか、いささか疑わしくはあるけれど、まあ、当時の日本的あるいは日本語的桎梏《しっこく》からすれば、こう考えるのも見やすい道理。ただし、思軒の聡明なところは、そこから「日本語廃止論」へと一足飛びに行かないことである。明治五年（一八七二）には、すでに、後の文部大臣・森有礼《ありのり》が日本語を英語にすべきだと主張していたが、思軒はそうした発想には与《くみ》しない。森のように英語かぶれになるためには、彼にはあまりにも英語の知識がありすぎたと言うべきか。あるいは、彼の日本語や漢語に対する造詣の深さが、そうすることを許さなかったと言うべきか。いずれにしても思軒は、西洋語の表現を採りいれたうえで、どこまでも日本語の能力を伸ばそうとするのである。

彼はまず日本語が、漢文、つまり中国語よりもはるかに柔軟性のある言葉だということを強調する。漢文では「余見諸君」としか書けないところ、日本語では「余は諸君を見たり」「余は見たり諸君を」「諸君を見たり余は」「諸君を余は見たり」「見たり諸君を余は」「見たり余は諸君を」と、あたりまえのことながら、つごう六通りの順列組み合わせで表現できると彼は言う。ラテン語が語尾変化のおかげで融通無碍《ゆうずうむげ》に位置を変えられるのと同様、日本語もテニヲハのおかげで、やはり格の位置関係などに悩まされることはない。さらに、思軒の指摘していない「見」の自由な時制変化、つまり「見た」「見る」「見よう（見るつもりだ）」と、過去・現在・未来を思いのままに描き分けられるところまで加味してみるならば、日本語の柔軟性はいっそう増してもくるわけで、結局のところ、この自在さがあればこそ日本語は、鍛えなおしさえすれば、西洋語の「細密なる繁雑なる錯綜せる考」に寄り添うこともできるだろう、と、そう思軒は考えるのである。

また他方、彼は漢字に対しても、その個々の力は、これを大いに評価する。たとえば、「挿」は差し込むこと、「挟」は小脇に引きはさむこと、「夾」は両側から中間のものをはさむこと、といったような識別を可能にしてくれるならば、これまた、細密な表現にはおあつらえむきであるだろう。

そんなわけで、思軒は、日本語の柔軟さと漢語の緻密さとをもって西洋的発想にしたがえば、かならずや将来の「日本普通の文章」に至るだろうという見通しをもつことになる。つまるところ、「今日の最善なる直訳の文体ハ即ち将来の日本文体なるへきなり」と説く彼の翻訳心得には、同時に、西洋語からもたらされる新たな表現を採りいれて、やがては将来の日本語を創造しようとする大変な自負心が読み取れるのである。

文体・語彙の新機軸

さてここに、そうしたヴィジョンを掲げる森田思軒が、さりげなく翻訳史を回顧している一節があるのだが、彼の意気ごみからすればこれはまた、翻訳史にかこつけた、新たな日本文体を確立するための模索の歴史ともなっているにちがいない。

曩《さき》ニ我邦小説ノ趨向将《すうこうまさ》ニ一変セムトスルヤ。織田《ママ》氏訳スル所ノ『花柳春話』之カ嚆矢《こうし》ヲナセリ。而《しこう》シテ是レ実ニリットン氏ノ『マルトラバース』ナリ。而後《しかるのち》西洋小説ノ我邦ニ訳サル丶モノ紛然群起セリ。然《しか》レトモ其ノ文体ハ率子《オオムネ》東洋ノ旧ニ仍《ヨ》リテ。未タ生面《せいめん》ヲ其間ニ開クモノニアラズ。藤田氏ノ『繋思談《けいしだん》』ヲ訳スルニ及テ。造句措辞《ぞうくそじ》別ニ一機軸ヲ出タシ。或ハ艱奥《かんおう》ニシテ通シ難キモノ無キニ非《あら》スト雖《いえど》モ。其ノ原本ヲ臨スル謹厳精微。今日無数ノ周密文体ハ其ノ紀元ヲ此ニ遡求セサルヲ得ス。而シテ『繋思談』ハ亦《ま》タ実ニリットン氏ノ『ケ子《ネ》ルムチリングリー』ナリ。（リットン『夜と朝』叙、明治二二年、一八八九）

このくだりで思軒がまず言及しているのは、私たちが前章で引用したあの『花柳春話』である。なるほど、この訳書、新時代にふさわしい清新な西洋風恋愛によって、「翻訳物」流行の皮切りとはなったものの、さすがに見てのとおり、まだその文体は旧態然としたものでしかなかった。しかしながら、次の一時期を画した邦訳『繋思談《けいしだん》』こそは、「造句措辞」つまり文体・語彙ともに新機軸をなし、その後のあらゆる周密文体の源になったと評されているのである。「周密」は、もちろん、「精密」もしくは「緻密」と言いかえてさしつかえない。ようするにそれは、思軒の目ざす「細密なる繁雑なる錯綜せる」西洋の「意趣」を写すべき緻密な文体にあたるわけで、こうした望ましい文体の「紀元」と目される訳文には、当然ながら、「将来の日本文体」の紀元ともなるべき栄誉があたえられているはずのものだろう。では、この記念碑的訳文とは、一体どのようなものなのか。

『繋思談』初篇（明治18年）、中篇（明治21年）と、同書口絵に掲載された著者リットンの肖像画（川戸道昭氏蔵）。

記念碑的訳文――『繋思談』

『諷世嘲俗《ふうせいちょうぞく》 繋思談』は、明治一八（一八八五）年に藤田茂吉と尾崎庸夫《つねお》とによって訳出された、ブルワー・リットン著『ケネルム・チリングリー Kenelm Chilingly』の邦訳である。ふざけたことに、その頭文字の「KC」を取って「繋思」としたようだし、また、藤田・尾崎訳というのも、実は、後に『東京新報』の主筆となる朝比奈知泉《あさひなちせん》の訳らしいのだが、さしあたり、それらのことはどうでもいい。見るべきものは、まず、その巻頭におかれた「例言」である。

訳者いわく。何よりもまず、この作品は「美術」に属するものである。こうした作品では、「搆案《こうあん》」をも「文辞」をも大切にしなければならないのに、多くの翻訳家は「文辞」をおろそかにしている。つまり、意味内容にばかり配慮して、表現の姿には無頓着なのだ。今様には、シニフィアン（記号表現）に対するシニフィエ（記号内容）の偏重とでも言うべきだろうか。そこで、このたび訳者としては「精緻の思想」をあらわすために相談し、旧来の日本語にかなり手を加えて、独自の訳文体を創りだした。もとより、こんなものは日本語じゃないと嘲《あざけ》るような頭のかたい連中もいるだろうが、そう言いたければ言うがいい、と、なかなか威勢のいい宣言である。
とにかく肝心なことは、訳者たちがいかに日本語を駆使して原文に迫るかというところにあるわけで、そうだとすれば、いささかめんどうではあるけれど、私たちもここで、その訳文と原文とを照合せずにはいられない。やや長い引用はご容赦あれ。

斯《かの》婦人其容姿ハ十分其夫の心に叶《かな》ひしかど到る処其夫の妬《ねたみ》に遇ふといふべき程にはあらざりし其技芸とても凡ならず聞えピアノに於ては楽師も其善く習得《ならいえ》たるを称賛すへく但し全く斯婦人の楽を聞かん為め故《ことさ》らに再応尋ね来る楽師のありとしも思はれざりし又水彩画を善くして居《おり》常に自ら娯《たのし》みとし其他仏蘭西《フランス》語 并《ならび》に以太利《イタリー》語とも貴女風にハ習ひ覚え二国作家の撰集を読まざれとも却《かえつ》てルーソー氏又ハアリオスト氏等が用ゐたるより余程正しき語調を以て二語とも話し得たり（二一〜二二ページ）

She was handsome enough to satisfy a husband's pride, but not so handsome as to keep perpetually on the qui vive a husband's jealousy. She was considered highly accomplished, —that is, she played upon the pianoforte so that any musician would say she "was very well taught;" but no musician would go out of his way to hear her a second time. She painted in water-colors, —well enough to amuse herself. She knew French and Italian with an elegance so lady-like that, without having read more than selected extracts from authors in those languages, she spoke them both with an accent more correct than we have any reason to attribute to Rousseau or Arioste.

いかがだろう。さしあたり、「撰集をよまざれとも」などの明らかな誤訳については問わず（正しくは「撰集以上のものを読んだわけではないが」)、原文の enough to satisfy や She was handsome ~, but not so handsome as to~ といった言いまわしへの密着度を参照するならば、これはかなり忠実な訳文と見ていいのではなかろうか。また、more correct では「余程正しき」と比較級に注意をはらい、「語調を以て」で with に沿っているところなど考えあわせてみるならば、逐語的にも、きわめて緻密にとらえられているように思われる。さらに、「楽師もあえて二度聴きたくはなかろうが、称賛する」とか「撰集以上のものを読んだわけではないが、ルソーやアリオストよりもよほど見事に喋《しゃべ》る」とか、留保しながら語る際の曲がりくねった文章にも、訳者は根気よくつきあっており、むしろその錯綜こそが、かえって分かりにくい文章を作り出しているとさえ言えるのかもしれない。

これに比べれば、先に引用した『花柳春話』の段階など、およそ意訳、あるいは再話としてもおかしくはない。あの「薄暮の時」のやりとりにおいて、その背景描写は、原文にして四二行にもおよぶが、丹羽訳では、たった六行半。特に、恋人たちの内心を描き出す部分や、作者による青春賛歌の思想をのべた部分などは、完全に見捨てられてしまっている。「杜鵑《トケン》血ニ叫ンデ緑樹、陰ヲ成し晩鶯《ばんおう》、口ヲ箝《かん》シテ」云々と、漢文調のリズムで情景が描かれたかと思えば、やがて「一室ノ景況、活画ニ異ナラズ」とまとめられ、ついには「誰カ此両人ヲ羨マザルモノアランヤ」という、きわめて日本的な詠嘆調でしめくくられることになる。

そこからすれば『繫思談』は、原文の紆余曲折に忠実で、「柳は緑、花は赤」といった漢文流の大雑把《ざっぱ》な把握にはとどまらず、「泰山より重く鴻毛より軽し」のような強いられた発想からも、かなりの程度まぬがれている。なるほどこれは、「文辞」に配慮し、「精緻の思想」を叙述しているわけであり、そのため確かに、日本語としてはこなれない部分も少なくはないが、やがて新時代の心理描写や意見表明にふさわしいこの手の翻訳が増すにつれ、人々の目には、かえってそのぎこちない翻訳文体が、次第にハイカラにも見えてくる。そうして、新奇な言いまわしも徐々に日常語の富にくり込まれ、やがて日本語は豊かな表現力をもつようになってゆくのである。思軒が周密文体に望むところも、まさしく、ここをおいて他にはなかったにちがいない。

森田思軒訳『クラウド』
(第3版、明治24年刊)
(川戸道昭氏蔵)

ちなみに、肝心の思軒の訳文はどのようなものだったのか、参考のために明治二三年（一八九〇）に訳された『クラウド』の冒頭を引用しておこう。これはフランスの文豪ヴィクトル・ユゴー著『クロード・グー』の英語訳からの重訳である。

クラウドと云へるは、八年ばかり前巴里《パリ》にありて、其の妻子と倶《とも》に暮らせる傭人なりき。教育とても受けたることあらざれば、物読むことさへ能《あた》はず。去れども此の男生れ得て、敏《さと》く、明かにして物事に慮《おもんぱ》かり深かり。冬は其の種々なる不幸を伴ふて至れり。仕事の空乏。食物の食乏。薪料の空乏。此の男、此の妻、此の子は凍へ、且つ飢へをれり。斯くて此の男は遂に盗となれり。余は渠《かれ》が何物を盗めるやを知らず。何物を盗めるにせよ、其の結果は同じきなり。妻子は以て三日の麵麭《パン》と火とを得たり。此の男は以て五年の禁錮を得たり。

まさに周密文体の好例。Winter came with its attendant miseries を「冬は其の種々なる不幸を伴ふて至れり」という無生物主語で始めていたり、the man, the woman… を「此の男、此の妻……」と律儀《りちぎ》に訳していたり、「妻子は以て三日の……此の男は以て五年の……」というような西洋的コントラストを鮮明に打ち出していたり、いずれも、いかにも日本語らしからぬ訳ではあるが、原文の結構《けっこう》には見合っている。訳文としてはどれほど生硬に見えようとも、日本語の可能性を拡げるという努力からすれば、きわめて豊穣《ほうじょう》なものと言うべきであるだろう。

2 「主－客」意識の登場——翻訳がもたらした西洋的発想

「名詞構文」への発想転換

こうした周密文体への歩みがはっきりと示しているように、日本語は、翻訳という行為に象徴される外部への開けによって、まずは、みずからの限界に気づくこととなり、やがて、西洋からやってくる前代未聞の事物や思考法を自前の言葉で語らねばならないという現実的な要請にうながされながら、急速にその表現力を拡げていった。やや先取りして言うならば、そこで練り上げられた新しい表現のスタイルは、やがて明治も三〇年代を過ぎてから、なんとかそれなりに定着することになるのだが、それは例えば、ちょうどこの時期にベストセラーとなった夏目漱石の『吾輩は猫である』（明治三八年、一九〇五）あたりにも、明らかに見てとることができる。

私たちはここで、この作品のなかに、翻訳から生じてきたと思われる新たな表現を探し出し、それらの表現によって従来の思考法がどのように変化してきたのか、おおよそのところを眺めてみることにしよう。もちろん、翻訳の影響をこの書によって実証しようというわけではない。漱石自身、もともとかなり理知的な人物だし、イギリス留学を経験しているところからしても、彼の作品に、当時の翻訳による単純な影響を見るわけにはいくまい。

ただし、そうは言いながらも、『吾輩は猫である』が初版を二〇日間で完売したとか、続く大正年間に七万部を売ったとか、そんな人気を考慮に入れるならば、やはりこの作品、新しい時代の思考法をどれほどか反映するものではあっただろう。説明に際して、しばらく味気ない文法用語が並ぶところは、ひらにお許し願いたい（以下、引用文末尾の数値は、一九六五年版『漱石全集』第一巻のページ数。傍点は加賀野井による）。

まず、西洋風に、主語が多く使われるようになり、それにつれて、人称代名詞や所有形容詞の使用頻度が高くなり、やがて、指示代名詞や指示形容詞も増えてくる。

「え、兎《と》に角《かく》表情が大事ですから」と東風子はどこ迄も文芸家の気で居る。「うまく癪《しゃく》が起りましたか」と主人は警句を吐く。（五二）

吾輩は時々忍び足に彼の書斎を覗いて見るが、彼はよく昼寝をして居る事がある。（八）

吾輩は彼と近付《ちかづき》になってから直《じか》に此［この］呼吸を飲み込んだから此［この］場合にも（一六）

また、そうした主語にしても、先ほど引用した思軒の『クラウド』と同じく、本来の日本語ではほとんど使われなかった無生物や抽象名詞が登場したり、さらには、「何々するのが」といった表現が主語として顔を出したりするようになるだろう。

空気が急に固形体になって四方から吾が身をしめつける如く思はれました（七〇）
条理が明晰で秩序が整然として（三四）
殊に著しく吾輩の注意を惹いたのは（二一）

これらは当然ながら、動詞構文を中心とする日本語にあって、西洋流の名詞構文的な考え方が強くなってきたことを示しているわけであり、そうした傾向は、名詞的な発想によって「主－客」の意識を際立たせ、対象を見すえて分析するような視点を引き入れてくるにちがいない。これまで「なんだか春めいてきたなあ」という動詞を中心にした癒合《ゆごう》的な表現をしていた日本語は、Spring has come のような西洋的思考法の影響で、「(うららかな) 春が来た」というぐあいに名詞構文を多用するようになり、対象化された「春」には「うららかな」などの形容語が付加されるようになってくるのである。それはまた、「～自身」という言いまわしが用いられたり、名詞に対して形容句が重ねられたり、さらには、「～するところの」とか「～なる」とかいった関係代名詞的な説明が加えられたり、挿入記号が使われたりするところにもはっきりとあらわれている。

夫《それ》から金田君自身が――金田君は妻君に似合わず鼻の低い男である［……］――其金田君が鮪の刺身を食って（一三六）
神経胃弱性の主人は眼を丸くして問ひかけた（二〇）

主人の威光を振り廻はして得意なる彼は（三〇）

こうした状況では、主体の立場や見地、あるいは客体の位置というものも強く意識され、「一種の見地から」（三四）、「人間の観察点から云へば」（一八二）、「彼の説によると」（三三）、「此点《このてん》に就《つい》ては」（八三）などの表現が多く使われるようになるだろう。対象はますます客体化され、西洋流の数量概念、つまり単数・複数や、英語で言えば one of ～、a part of ～ などの概念も導入され、それと同時に、対象はたがいに比較されることになり、比較級・最上級の用法も日常化する。

その内の一疋「いっぴき」は席を離れて（二五）
彼等は毎朝主人の食ふ麺麭「パン」の幾分に、砂糖をつけて食ふのが例であるが（一九）
吾輩は人間の不徳について是よりも数倍悲しむべき報道を耳にした事がある（一三）
御客さんは三人の中で一番普通な容貌を有して居る（一三八）

さらに比較による相対化は、主客関係を、いつでも反転し得るものにするだろう。ここから、それまでの日本語では「雨に降られる」「赤ん坊に泣かれる」のように、「迷惑の受身」と呼ばれるものしか使われていなかったところが変化し、やがて、あらゆる場合に受身が用いられるようにもなってくる。

世の中では万事積極的のものが人から真似らるゝ権利を有して居る（一六二）

西洋的論理の展開

このように、名詞構文的な発想法が一般化し、主客が分離され、それに見合った物言いが普及してくると、当然のことながら、次第に言葉の定義がなされ、西洋的な形式論理もおこなわれるようになってくる。

細君は不満な様子で「一体、月並々々と皆さんが、よく仰《おつし》やいますが、どんなのが月並なんです」と開き直って月並の定義を質問する（九三）

すると友人は「カーライルが胃弱だって、胃弱の病人が必ずカーライルにはなれないさ」と極《き》め付けた（三五）

理は此方にあるが権力は向ふにあると云ふ場合に、理を曲げて一も二もなく屈従するか、又は権力の目を掠めて我理を貫くかと云へば、吾輩は無論後者を択ぶのである（一三六）

「逆は必ずしも真ならず」や「二者択一」といった今日ではごく月並みな論理展開も、当時の人々の目にはかなり新奇なものに映っていたようだし、特に、二者択一をも含む列挙や枚挙は、いかにも西洋的な割りきり方のように感じられていたらしい。『吾輩は猫である』では他にも、第一の真理から第四の真理までを並べるところ（三七）や、「二つの方法」をかかげて「第一は、第二は」と論じていくところ（九七）など、少なからずこうした例が見うけられ、さらにその細かい部分にまで注意を向けてみるならば、これはまさしく英語などの"〜、〜、and〜"という並べ方そのままであることにも気づかずにはいられない。

からだを拗《ね》ぢ向けたり、手を延ばして年寄が三世相を見る様にしたり、又は窓の方へむいて鼻の先迄持って来たりして見て居る（二三）

当然のことながら、このように列挙されたものの論理の結構をはっきりとさせるために、句読点が整備され、接続詞も多用されるようになってくる。これはとりもなおさず、概念を単位化して分類し、命題の因果関係をとらえ、さらにそれらを結合していこうとする分析的で構築的な意識の高まりにほかならない。このような推移は、たとえば假名垣魯文《かながきろぶん》が明治四〜五年（一八七一〜七二）に書いた文章と『猫』とを比べてみれば、一目瞭然であるだろう。

去程《さるほど》に弥次郎北八の二個《ふたり》の者ハ彼大腹屋廣蔵に不計《はからず》途中であいた口牡丹餅よりも最佳《いとうま》き英国《いぎりす》航海《わたり》の相談に当座の難儀もうち忘れ疾大船《はや（おおぶね）》へ乗ツた気でその夜酒楼に彼是《（かれこれ）》の談合なしつゝ

銘々の身の上をもうちあかしよるべ定めぬ仕儀をも語るに元来山気《もとよりさんき》の大腹屋巨細《こさい》を呑込《のみこみ》我家に伴ひ次の日店請親分なる渡海屋坤平が許《もと》に掛合《かけあひ》［……］その年二月の中旬《なかば》頃仕度調《ととの》ひ吉日を選びて当港《みなと》を出帆の人数ハ主従男女を合して一局凡《およそ》十四五人印度海の定飛脚彼《(かの)》蒸気舩《(じようきせん)》の便宜を得て横浜の地を跡に見なし支那に聞えし上海を目的にこそハ乗出しけれ（『西洋道中膝栗毛』二編上）

何だそりゃ道歌か、常識のない道歌だね。そこで五年の間毎月十円宛払ふのだから、つまり先方では六十回払へばいゝのだ。然しそこが習慣の恐ろしい所で、六十回も同じ事を毎月繰り返して居ると、六十一回にも矢張り十円払ふ気になる。（『吾輩は猫である』五一五）

いかがだろうか。句読点も逆接もないままに、地口のような言葉ばかりがくねくねとリズミカルに続いていく魯文の一節に比べ、漱石の論理展開は、くどいほど明確であることがお分かりいただけるにちがいない。やがて、こうした結構をもって組みたてられた概念の単位は、論理展開のなかで、「条件」や「仮定」としても想定され始める。

此時もし御三でも勝手口を開けたなら、奥の小供の足音がこちらへ近付くのを聞き得たなら、吾輩は惜気もなく椀を見棄てたらう（三七）

変容する時空間意識

そうなれば、時間の観念や時制の意識も、おのずから細かくなって、進行形やafter〜やbefore〜、さらにはas soon asなどの表現を反映するような言いまわしも目立ってくるのは必定だ。もちろん、これらのことは空間意識や関係意識についても同様で、つまるところそれは、inやwithといった前置詞を反映するスタイルとなってあらわれる。

あたりを見廻した時には、家人は既に奥座敷へ這入って仕舞って居った（四〇）

先づ手初めに吾輩を写生しつゝあるのである（一二）

吾輩を見るや否やいきなり頸筋《くびすじ》をつかんで表へ抛《ほう》り出した。（七）

吾輩の水彩画に於るが如きもので（一八）

これと連動して、入り組んだ論理を表現するための西洋的なイディオムも、日本語の中にそれなりの表現を得て受け入れられることになるだろう。

単に無関係なるのみならず、甚だ冷淡であった（一一七）(not only〜but also)

其様に判然たる区別が存して居るにも関らず（二四）(in spite of) (though)

人間の数だけ其丈多くの（一八二）(as much as)
出来得る限り方法を講じて見たが（三四）(as~as~can)
放蕩をする可く余儀なくせられた（一八）(to be obliged to)
人間といふものは到底吾輩猫属の言語を解し得る位に天の恵に浴して居らん動物であるから（二四）(enough to)
再び見るべき機会に遭遇したのである（七）(to~)

さらに、そのような表現法の拡大によって、これまであまり表舞台にあらわれることのなかった主観的表現の「感じる」(feel) が多用されるようになったり、翻訳調がそのままに定着した「見出す」(find)、「与える」(give)、「存する」(be)、「有する」(have)、「欲する」(want) などの、ややゴツゴツした動詞が使われたりもするようになる。

餅がくっ付いているので毫《ごう》も愉快を感じない（三八）
吾輩はいつでも彼等の中間に已れを容るべき余地を見出して（九）
自覚を彼等に与ふる丈《(だけ)》が愉快である（一一九）
人間の日記の本色は斯《(こ)》う云ふ辺に存する（三三二）
見識を有して居る（八四）

只休養を欲するのみである（一七六）

ここまでくれば、もはや西洋的な独特の言いまわしにも、次第に違和感がなくなってくるはずだ。

悉《ことごと》く真正の日記であるから、（三二）

一種いやな感じが起こった（七〇）

研究する価値があると見えますな（一一〇）

以上の感想が自然と胸中に湧き出《い》でたのである（一八三）

「家庭小説」に見る日本語の変化

こうして森田思軒が手探りしていた周密文体への道は、まさしく彼が意図したとおり、次第に新しい日本語のスタイルを創り出し、それが「主‐客意識」「視点」「名詞構文的発想」「論理的結構」「枚挙」「条件・仮定」「西洋的時空間のとらえ方」などをめぐって、日本人の思考法を大きく変えることにもなってくる。たとえば、『吾輩は猫である』と同時期に『大阪毎日新聞』で一二五回にわたって連載され、かなりの人気を博していた菊地《きくち》幽芳《ゆうほう》の『乳姉妹《ちきょうだい》』（明治三七年、一九〇四）という作品があるのだが、これなどにも西洋語的な発想は随所に顔を見せている。

ストーリーは、ゆえあって田舎家にあずけられていた侯爵家の令嬢になりかわり、その義理の姉が侯爵家に入りこむという「とりちがえ物」。当時、こうした通俗的ジャンルの作品は「家庭小説」と呼ばれ、人々は、新聞の配達を待つのももどかしく、争って読んだというのだから、そこにあらわれる表現が彼らにどれほどの影響をおよぼしたか、あるいは、その表現がどれほど大衆に受け入れられていたのか、容易に見当はつくだろう（傍点は加賀野井）。

今では侯爵家の人々も、侯爵の最後の次第に近よりつつある事を告られたのでありました。（後編三）

然るに君江に引《ひき》かへ、〔……〕いつも云知れぬ快楽を感ずるのです。素より房江を諦めて仕舞つた今日、それを房江に対する恋とは思はないのですが、ただそれにも拘はらず、昭信の心は絶えず房江に引きよせられるのです。尤も房江は日光のやうな性質を持つて居る娘で〔……〕昭信が房江に引寄せられるのも必ずしも恋ではなかつたでせう。〔……〕そしてまた無垢な房江の方でも〔……〕（後編五）

この時突然君江の脳には、一ツの恐ろしい疑問が閃《ひらめ》きました。（後編十）

菊地幽芳著『白衣婦人』（明治42年再版）。幽芳は家庭小説とあわせて、西洋文学の翻案も数多く出版した。これは、W.コリンズ『白衣の女』の翻案。（川戸道昭氏蔵）

君江の敏捷な眼は、［……］高濱を認めた刹那《せつな》に、［……］最も烈しい不快と、鋭い嫌悪の念のむらむらと高まり来るのを制する事が出来なかったのです。（後編十三）

そして、何のことはない。この庶民的な作品でさえ、種を明かせば、ヴァサ・M・クレイというイギリス作家の小説『ドラ・ソーン』の翻案であったという落ちがついているのである。いずれにしてもそのように、私たちの「思考の身体」は西洋的発想法によって新しい血を注ぎこまれ、柔軟で緻密なものとされてきたわけであり、思軒の夢見た「将来の日本文体」も、まずは、まぎれもなく翻訳家たちの西洋語直訳法によって準備されたことになってくる。しかし、そうだとすれば、私たちのとるスパンもまた、もう少し広くしてみる必要があるだろう。

3 「蘭学」「漢学」の光と影――翻訳史をさかのぼる

蘭学が準備した「将来の日本文体」

実を言えば、思軒以降にあみ出されたように見えるこうした新しい日本語の表現も、ちょいと注意して見れば、すでにその大半が、江戸期の蘭学者や、長崎・横浜などで活躍していたオランダ語通詞（通訳）たちの手で出来上がっていたことが分かるのである。ためしに、長崎は出島の商館長《カピタン》であったヘンドリック・ドゥーフが、長崎通詞たちの協力をえて文化一三年（一八一六）に完成させた蘭日対訳辞典『ドゥーフハルマ』を眺めてみれば、あるいはまた、幕末の安政二年（一八五五）に、当時の幕府侍医であった桂川甫周《かつらがわほしゅう》らがこの『ドゥーフハルマ』を校訂出版した『和蘭字彙《オランダじい》』からしかるべき例文を取り出してみれば、事はおのずと明らかになってくる。

今しがた見てきたような、明治も三〇年代を過ぎてから一般化してくる人称代名詞・指示代名詞・指示形容詞・所有形容詞などの多用や、それにもとづく日本語の特徴的な変化の数々は、すでにこれらの辞典のなかにほとんど出尽くしていると言っていい。

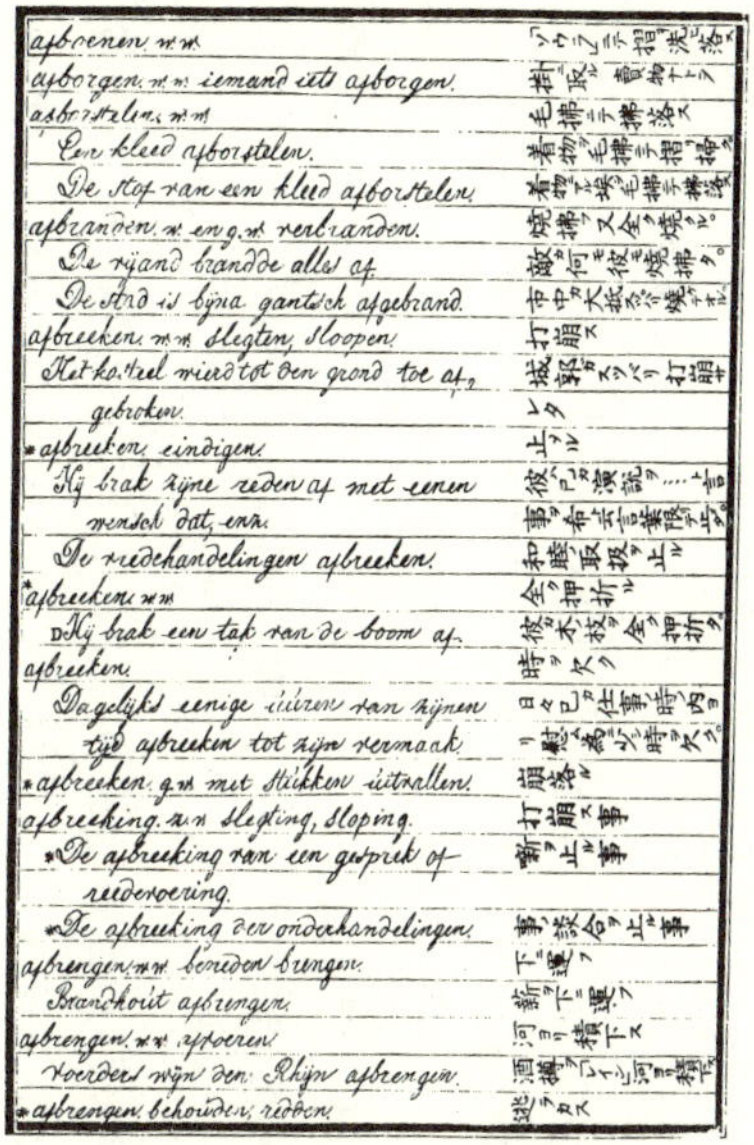

桂川甫周『和蘭字彙』。蘭日対訳形式になっている（早稲田大学図書館所蔵）。

我ハ其ヲ彼ガ為ニシタ　　其事ガ我ニ甚タ大儀ヲカケタ

其病ハ汝ヨリ久ク離ズニ居ラフ

彼等ノ嘆ヲ聞クヿ《こと》デ王ノ心ガ和《やわ》ラヒダ

たとえば、動詞構文から名詞構文への移行というところに焦点をあててみるならば、そこには、典型的な例として「夏ガ近寄ル」という一文を見つけ出すことができる。これは「『主‐客』意識の登場」の節でも論じたように、「夏めく」といった推移的で雰囲気的な、つまり、いかにも日本的なおもむきに対し、なにかこう、夏という実体がヨッコラショとこちらにやってくるような感じを抱かせるにちがいない。さらに「節倹ナル世帯ノ暮シ方スル女」のように形容句が重ねられたり、「彼ヲ苦シムル所ノ心配」や「仲直リセズニアル口論」のような関係代名詞的な飾りが加えられたりするならば、名詞構文は、ますます強化されることになるだろう。

名詞への数量的なこだわりもすでに生じて「一人ノ男子」といった言いまわしもなされるようになり、「我ハ汝ノ通リニ金持デハナイ」とか「黄金ハ諸金ノ内ノ最モ重キモノナリ」のように、比較級や最上級もかなり目立つようになっている。当然、「迷惑の受身」以外の受身も、「市中ニ多クノ家ガ建増サルヽ」といったぐあいに一般化し、主客関係が反転可能なものとして意識されていただろうこともまた、「食物ハ卓子ニ備テアル」と「卓子ニ備ラレタル食物」とが併記されているところからして明らかだ。

文章における句読点や、疑問符・感嘆符・括弧などについても、前野良沢《りょうたく》をはじめ、藤林晋山《ふざん》、宇田川榕庵《ようあん》といった名だたる蘭学者がこぞって言及しているところからすれば、やはり西洋的論理の結構には、かなり関心が高まっていたものと見える。条件や仮定が頻繁に使われるのも、当然の帰結であるだろう。

モシ我ガ金ヲ持テ居ルナラバ汝ニドウゾシテ貸ソウモノヲ
雨ガ降ラヌデアリタナラバ我汝ガ方ニ参ルハヅデアツタ

あるいはまた、「彼ガ武具ヲ備ルヤイナヤ」「我彼ニ其事ヲ目前デ云フデアラフ」のように、時間の観念や時制の意識、空間意識や関係意識も緻密になっているし、「真ノ独逸語」「其筆ハ我ニ属スル」のような西洋語に特有の表現も採り入れ、さらに、従来の日本語的発想では見当のつかないオランダ語については、説明までも添えている。

汝ニヲイテ其事ガ何ノ大切ナル事デアラフカ　　汝ニヲイテ大事ナルヿ《こと》ハナイト云意
其「ビール」ハ身ニ付ク　　結構ナルビールト云意

このようにして、森田思軒らの翻訳が日本語を変化させてゆくはるか以前から、蘭学の領域では、意識されぬままに、すでに「将来の日本文体」への模索が始まっていたのである。もちろん、開国以前のオランダ貿易が細々とおこなわれていたことにも似て、ここでの模索が、直接、一般の人々の日本語を変えていくほどの影響力をもつことはなかったが、やがて、蘭日辞典の成果は、『英和対訳袖珍《しゅうちん》辞書』（文久二年、一八六二）を筆頭とするヨーロッパ各国語の対訳辞典に受け継がれ、当然ながら、例文に用いられた独特の日本文もまた、受け継がれていくことになる。やがて、フランス語、ロシア語、ドイツ語、そしてとりわけ英語を学ぶ青年たちが急増してくるとともに、辞典で学ばれる例文は、それら青年たちの言葉も思考も大きく左右することになるだろう。福沢諭吉や大隈重信らがこうした辞典類で学んでいたことを考えるならば、目立たぬ影響力であるとはいえ、蘭学がおこなっていた「将来の日本文体」への先駆的な模索は、ゆめゆめ過小評価してはなるまい。

漢文訓読の功績

しかし、そうだとすると、「将来の日本文体」への模索の道筋を追う私たちの遡行は、蘭学にさえとどまってはいられない。思軒が示唆していたように、翻訳にあたり、できるかぎり原文の「意趣」を生かそうとして直訳を心がけることが、結局のところ日本語を豊かにするというのであれば、蘭学者たちの翻訳をさらにその背後で支えていたのは、実は、ほかならぬ漢文訓読の連綿と続く伝統なのではなかったか、ということが再び思い起こされるべきなのである。

なるほど、一見したところ、思軒は漢文を批判しているように思われるし、実際、西洋人の「脳髄」を称賛するくだりで「支那の文章」はしりぞけられてもいたはずだ。けれども、さらに仔細《しさい》に見るならば、彼は、陳言としての漢文的決まり文句《クリッシェ》をこそ排してはいるものの、漢文訓読そのものが日本語にもたらしてきた恩恵については、大いにこれを評価していることが分かるだろう。

思軒は、漢文訓読が古くから日本語を変え、そこになかった数々の意味を加えてきた歴史を、やはり「日本文章の将来」ではっきりと認めている。そればかりではない。秦漢時代の文章の背後には「簡単な脳髄」しかなかったが、「支那現時」の文章の背後には、すでに「細密に入組みたる脳髄」のあることをも、彼は見逃してはいなかった。つまり、思軒の使っていた明清時代の漢文は、すでにして、秦漢はおろか唐宋時代の漢文に比べても、はるかに周密文となっていたのである。ここから必然的に導き出される結論は、当然ながら、漢文も漢文訓読も、決まり文句《クリッシェ》にさえ成り下がらないかぎり、その働きは西洋語にも、またその翻訳にもひけをとるものではない、ということになるだろう。

そもそも、この漢文訓読の伝統が生み出してきた数々の日本語こそが、あの幕末・維新における西洋文体の受容を可能にしたのだということを、翻訳王の森田思軒が知らぬはずはないのである。たとえば、西洋語に特有の使役的な物言いは、まさしく漢文訓読用につくられた「〜をして〜しむる」という表現があってこそ、容易に日本語に取り入れられてきたわけだし、「〜するところの」というあの関係代名詞を訳すときの常套句も、ともすると欧文の翻訳から生じたもののように思われがちだが、これまた、かなり早い時期から漢文訓読で使われていたことを忘れてはなるまい。

ことほどさように、すでにして漢文訓読の長い歴史が日本語を大きく変質させてきているのであり、たとえばその「すでに」という副詞にしても、かつて鎌倉のころまでは「まったく」とか「すべて」の意味しかもっていなかったのが、やがて論語などの訓読を通じて、いつのまにか過去をあらわすようになってしまったものなのだ。これを、漢文訓読が私たちの時間観念を多少とも変化させたことの象徴だとするならば、「ならびに」や「および」といった接続詞もまた、論理関係のとらえ方をいささかなりと左右してきたものの象徴と考えることができるだろう。つまり、「並」や「及」は平安時代の半ばまでは「と」としか訓読されなかったが、次第に漢字の読みにひかれて「ならびに」や「および」と読まれるようになり、ついには、それが接続詞として独立して、日本語の論理の結構を際立たせるようになってきたわけである。

あるいはまた、副詞の「もし」を取り上げてみるのもよろしかろう。なにしろこれも、本来は疑惑の気持しかあらわさなかったはずなのに、漢文の「若」「設如」などをそう読むことで、いつしか「もしも」「ひょっとしたら」といった仮定を含むようになったのだと考えることができる。やがてそこに確立される「もし～せば」の構文は、やはり西洋の仮定表現を取り込むにはうってつけのものであったにちがいない。

「AはBならず」――否定表現の登場

こうした日本語の変質は、さながらに、私たち日本人の思考法の変質をあらわしているだろう。大野晋氏の説によれば、八世紀の半ばごろに「日本語の表現力を拡大する大きな変化が進行した」(中央公論社『日本語の世界』第一巻)ということだが、これこそは、漢文訓読によってひき起こされたこの種の変質の、典型的にして、ごく早い時期の例にほかならない。

手短に言えば、それ以前の日本語では、「AはBである」という表現をしようとすると、「大和の国はうまし国そ」のように「AはBそ」という形式しかなく、その下に否定の助動詞をつけることができなかった。形容詞も同様で、「山高し」「花うつくし」には、「高くない」「美しくない」の形がなかったらしいのである。これは否定ばかりではなく、回想や推量についても同様であった。ところが、やがて中国からおびただしい仏典が輸入され、その否定表現を翻訳する必要が生じてきたところから、とうとう場所表現のための「あり」が転用されることになり、「AはBにあり」→（に＋あり＝なり）→「AはBなり」の形があらわれ、ついには「AはBにあらず」「AはBならず」といった否定の表現形式が生まれてきたというわけだ。

とどのつまり、「将来の日本文体」を準備する明治維新の西洋諸語の翻訳は、これに先立つオランダ語の翻訳に支えられ、そのオランダ語の翻訳は、これまた漢文訓読の長い伝統に支えられていたということになるわけで、そのことはまたそのままに、わが日本語は、万葉の昔から絶えず翻訳によって培《つちか》われ、翻訳によって変形され、翻訳の言語と不可分のものとして存在してきたのだということをあらわしてもいるだろう。

翻訳がしかるべく機能すれば日本語の表現力は拡がるが、逆に、行きすぎれば害をなす。いや、それればかりではない。その行きすぎが、日常的な言いまわしから逸脱することでかえってありがたがられ、「陳言」として反復されることにでもなれば、やがては時代に桎梏としてのしかかり、ついには時代からとり残されることにもなるだろう。漢文訓読が明治の初めに直面していた状況は、まさしくそうしたものであり、日本語は、その漢文訓読でこわばった身体を、あらためて西洋語の洗礼をうけながら、柔軟なものに鍛えなおさなければならなかったのである。

漢文訓読の末路

だが、それにしても、どうして漢文訓読はそこまで「陳言」になりさがってしまったのか。おそらくは、そこに、翻訳の歴史の背負うべき宿命が見てとれる。

かつて平安初期までの漢文訓読は、意訳とも言えるほどの自由な訳であり、当然のことながら、訳文はよくこなれた日本語になっていた。ところが、鎌倉から室町にかけて、この訓読法は次第に直訳的になり、そうなるにつれ、それはまた独特の文体をもつようにもなってくる。

奈良・平安期の漢詩集『懐風藻《かいふうそう》』レベルに始まるわが同胞の素朴な中国理解は、十数回にわたる遣唐使、最澄や空海の入唐、『凌雲集《りょううんしゅう》』『文華秀麗集《ぶんかしゅうれいしゅう》』『経国集《けいこくしゅう》』のいわゆる勅選漢詩三集の公刊などを経て、ようやく成熟しつつあるところ、ちょうどそれに符合して、かの国では宋が起こり、朱子の新しい儒学が隆盛をきわめることにあいなった。当然ながら学問の書は、せきを切ったようにわが国に流れこむ。そればかりではない。栄西や道元が海をわたり、逆に、蘭渓道隆《らんけいどうりゅう》や無《む》学祖《がくそ》元《げん》があちらからやってくる。やがて、おびただしい経典は鎌倉五山の出版センターとでも言うべき場所で、次々と翻訳されるのは見やすい道理。いきおい、漢学は高度になり、単に漢文を和訳するだけではなく、むしろその「意趣」をくみとることが重視されるようになってくる。訓読法が直訳的になるゆえんであるだろう。もちろん訓点は整備され、あのいかにも漢文らしい「ネガハクハ～セヨ」とか「イハンヤ～ヲヤ」とかいった言いまわしも固定してくることになる。

こうした新しい潮流の中で、儒学の古典は新注によってとらえ直され、経典も五経から四書へと重点が移される。この頃の学問に初めて訓点をほどこしたのは岐陽和尚《きようおしよう》（一三六一～一四二四）であり、その流れをくんで、やがて桂庵和尚《けいあんおしよう》（一四二七～一五〇八）が『桂庵和尚家法倭点《かほうわてん》』をまとめることになる。これまで王朝時代の博士家がおこなっていた訓法では、いわゆる「助字」「置字」と呼ばれるものを読まず、なめらかな日本語にしていたものだが、この倭点（訓点）ではそれらをできる限り読もうとする。たとえば、それまで「近き人」と読まれていたものが、「近きの人」となる。なぜなら、漢文に「近之人」という助字が記されているからである。

この傾向は、やがて江戸の初期に文之和尚《ぶんしおしよう》の唱えた「文之点」に受け継がれ、以後、山崎闇斎《あんさい》の「闇斎点（嘉点《かてん》）」、宇野明霞《めいか》の「三平点《さんへいてん》」、片山兼山《かたやまけんざん》の「山子点《さんしてん》」などを経て、後藤芝山《しざん》の「後藤点」や佐藤一斎《いっさい》の「一斎点」にたどりつく。途中、林羅山《はやしらざん》（道春《どうしゅん》）が家康のブレーンとなったために、彼の唱える「道春点」のような博士家の流れをくむなめらかな訓読が力をもったこともあるが、趨勢《すうせい》は変わらない。そこに荻生徂徠《おぎゅうそらい》ら古文辞学派の訓読無用論、つまり、訓読そのものさえ迂遠《うえん》であって、むしろ漢文は中国語のままに学習されるべきだとする主張の影響もあり、大勢は直訳的な傾向をたどることになる。たとえば、『詩経』の冒頭の章は次のように読みかえられるのである。

関々《かんかん》トヤワラギナケル雎鳩《しよきゆう》ノミサゴハ河ノ洲ニアリ窈窕《ようちよう》トシヅカニタヽシキ淑女ノヲトメハ
君子ノ好逑《こうきゆう》ノヨキタグヒナリ（道春点）

（関々として鳴くみさご［鳶《とび》に似た鳥］は川の中州にいて、窈窕［しとやか］な娘は君子の良い好逑［つれあい］だ）

関々タル雎鳩ハ河ノ洲ニ在リ窈窕タル淑女ハ君子ノ好逑（闇斎点）←

こうして、原文に忠実であろうとするあまり、日本語としては不自然な言いまわしも生み出され、時によっては、これが日本語の表現力を拡げもしたが、同時に、「なすことを得べきにあらざるを以って」とか「一人も有ること無し」などの珍妙な表現もとび出した。

とりわけ、江戸時代は漢文訓読の最盛期である。家康は朱子学を国教にして、中国書の蒐集《しゅうしゅう》と復刻に力を注ぎ、五代の綱吉も八代の吉宗もその遺志を継ぐ。やがて一七九〇年、江戸は湯島に幕府直属の昌平坂《しょうへいざか》学問所が設置されるころには、各藩にもそれなりの藩校がおかれ、さらには巷の儒者たちがまた、それぞれに私塾を開いて漢学を教えるという有様になる。つまり、日本中の学校という学校でおこなわれていた必修科目は、漢文訓読であったと言っても過言ではないだろう。武士も町人もこぞってその末席に連なり、『四書集注』や『唐詩選』はベストセラーとなって、だれもが鼻ちょうちんをぶらさげながら「子《し》ノタマワク」をくり返す教育風土が生まれていたのである。

当然ながら、珍妙を珍妙と思うこともなく、漢文の決まり文句《クリッシェ》は一知半解のまま人々の日本語のなかにまぎれこんでいき、それが日常からかけ離れれば離れるほど、ありがたがられるという構造を作ってゆく。なにしろ、最上位にある武士階級が、率先してこの言葉を使いたがっているのだから無理もない。こうして、翻訳には効率化がはかられ、学問が大衆へと広まるにつれて、教育の定型化、つまりは、訓読の定型化もいっそう推し進められることになる。やがていつしか、異文化との出会いを自分自身の言葉で表現しようという本来の意図は失われ、漢文訓読は、鎖国に守られた徳川三〇〇年の眠りを貪《むさぼ》るうちに、まるで現代の受験教育さながら、単なるテクニックの習得へと堕することになるのである。

たとえば「欲」という漢語には、元来、「未来」と「願望」とをあらわす二つの意味があり、かつては「～せんとす」と「願ふ、おもふ」との訳し分けがなされていたのだが、やがて一律に「ほっす」という訓読の定型化がおこなわれるようになると、「日欲暮」という漢文にも、まるで日が暮れたがってでもいるかのような「日、暮れんとほっす」という読みをつけて、ひどく大ざっぱな弁別でよしとする風潮が強くなる。原文の「意趣」をくみとろうとして、あえて日本語の法則を逸脱することさえ辞さなかった漢文訓読の志も、ふと気がつくと、見るも無残に形骸化してしまっていたというのは、いかにも歴史の皮肉と言うべきか。

翻訳とは、元来、ある言語が他の言語を通じ、かつて一度も語ったことのない事物に直面することによって、それを語るために、みずからを拡張してゆく創造行為の謂《いい》である。漢文訓読がそれを忘れ、ただただ既成の権威にまつりあげられているときに、この権威をすっかり体現してしまっていた森田思軒が、惜しげもなくそこを離れ、みずからを西洋語による「翻訳王」に仕立てていったのは、まぎれもなく、この翻訳というものの初心にかえり、それを再び日本語の創造行為に結びつけようとしていたからにほかならない。

第三章

「思考する日本語」の誕生

統合される身体

1 「文」を「言」に近づける——二葉亭四迷の苦闘

生きた口と死んだ手

さて、これまで見てきたように、明治初期の日本語の行きづまりに気づかせてくれたのは、まずは西洋語との接触であった。そして、西洋各国語の翻訳は、漢文訓読の決まり文句《クリッシェ》によってこわばってしまっていた日本語に、いわば柔軟体操をほどこし、その表現力を拡げ、さらには日本語を「周密」にすべき方向性まで、はっきりと示してくれてもいた。たしかに、方向性は決まったのだから、あの四分五裂していた日本語のかなりの部分は淘汰されることになるだろう。古色蒼然たる文体は捨てられる。決まり文句《クリッシェ》の羅列も捨てられる。特殊に傾きすぎる文体は敬遠されるにちがいない。だが、それにもかかわらず、いぜんとして解決されないまま残っていたのは、あの言文不一致の問題であった。

今日からふり返ってみると、日本語が「話し言葉」と「書き言葉」との二つの方向に大きく分かれていくのは、おおよそ、漢字と仮名の併用によって公私を書き分けるようになった平安時代あたりが発端で、やがて室町のころには、両者がすっかり分裂してしまったと考えられている。ともかく、その後、室町幕府の倒れたころに弱冠一六歳にして来日し、日本語にも習熟したポルトガル人宣教師のジョアン・ロドリゲスは、慶長九年（一六〇四）にこう書き残しているのである。

日本人もまた話す時の通俗な文体を用ゐて物を書くといふ事は決してしない。話しことばや日常の会話に於ける文体と文書や書物や書状の文体とは全く別であって、言ひ廻しなり、動詞の語尾なり、その中に用ゐられる助辞なりがたがひに甚だしく相違してゐる。（『日本大文典 *Arte da lingoa de Japam*』土井忠生訳）

ただし、これは西洋人の目によるもので、わが同胞がこれに気づき、それを不都合なものだと考えるまでには、あの蘭学者たちが西洋文献と接する時期を待たなければならなかった。やはり言文不一致もまた、西洋語の翻訳をとおして痛感されるようになったことなのだ。

天明三年（一七八三）、杉田玄白・前野良沢らの後をうけて蘭学の次代を担うだろうと目されていた大槻玄沢《おおつきげんたく》は、その著『蘭学階梯《かいてい》』で、オランダ語についてこう語っていた。

常話モ書籍ニ著スヿ《こと》モ同様ニテ別ニ文章ノ辞ト云フモノナシ［……］此如クナルモノ故ニ至《いたっ》テ入リ易ク学ヒ易キ風ナリ

つまり、オランダ語には言文の不一致というものがないため、オランダ人は自国語をたやすくマスターすることができる。他人との知識の交換も容易におこなわれ、おかげでオランダは文明国になったのだ、というようなことがそこには縷縷《るる》のべられている。それにひきかえ、わが国では、知的交流をするためには日常会話とはちがった文章語を身につけねばならず、その効率の悪さが、文明の発達をさまたげているというのである。もちろん、どこの国においても、言文が完全に一致することなどありはしないが、当時の日本語に生じていた言文不一致のひどさからすれば、その相違は無にも等しいものと見えただろう。とりわけ、しゃべるときには一ノ関の東北弁、学ぶときには長崎弁、書くときには右のような漢文訓読体を使っていたと思われる玄沢あたりからすれば、オランダ語は、まぎれもなく言文一致だったにちがいないのである。

第一章でもふれておいたが、言文の不一致は、玄沢が指摘するように単に効率の悪いものというばかりではなく、下世話な日常の瑣事《さじ》に終始する「言」と、漢文訓読のつけによって大時代的な形式化のきわみにある「文」への分裂でもあった。考えてもみていただきたい。「コンチまたいいお天気で」と会話をしているその同じ人物が、書くときにはシャチコばって「本日は天気晴朗にして」とやらねばならないのだ。それは結局、日常会話では思想を語りにくく、また一方で、思想からは生活感情がぬけ落ちる、という事態を招かざるをえないだろう。感情は「言」で思想は「文」で、あるいは、ホンネは「言」でタテマエは「文」で、という二足のワラジ、いや、二枚舌により、当時、私たちの「思考の身体」であるべき日本語は、まっぷたつに裂かれたままになっていたのである。

このあたりの事情を、明治一九年（一八八六）、東京帝国大学の国語学教授になったばかりの物集高見《もずめたかみ》（一八四七〜一九二八）は、まさしく身体の比喩を使いながら、こう語っていた。

自身も、自身の口も、明治十九年の、此世界に、ありながら、自身の、持ちて、をる、筆を見れば、古いところは、千年前の製造、新しいところでも、五百年前の、製造ゆゑに、其筆から出す、はなしが新らしうならう、道理がない。［……］今の日本人は、口は、生きた、自身の口でも、手は、死んだ古人の、手だといひたとて、理屈においては、道理である。［……］何とかして、此手ばかり、ふるくする、癖をやめて、手も口と、ひとつに、自身のものに、したいものだ［……］。（「言文一致」）

ここに物集の一節をひいたのは、身体的な比喩のおもしろさだけからであって、それ以上のものではない。このころになれば、このての主張をする者は少しも珍しくなく、まあ、そうした要請が次第に時代のものとなっていたことだけが確認されればいいのである。類書としては、早いところで、大庭雪斎《おおばせっさい》の『訳和蘭文語』（一八五五）、前島密《ひそか》の『漢字御廃止之議』（一八六七）、西周の『洋字ヲ以テ国語ヲ書スルノ論』（一八七四）、近いところでは、福地源一郎（櫻痴）の『文章論』（一八八一）、田口卯吉《うきち》の『日本開化の性質漸（ようや）く改めざるべからず』（一八八四）などがあげられよう。この田口のものと同年に発表された神田孝平《たかひら》の「文章論ヲ読ム」で初めて「言文一致」という表現が使われ（山本正秀説）、ここから世にいう「言文一致運動」の名が人々の口にのぼるようになってくる。

ホンネでタテマエを語る日本語

結局のところ日本語は、こうした「言」と「文」との分裂をのり越え、話すときにも書くときにも、まがりなりにも同じ一つの言葉として機能するよう統合されねばならなかったわけである。言ってみれば、それは、「言」と「文」とがホンネとタテマエとに分裂する日本語ではなく、ホンネでタテマエを語るべきただ一つの日本語を創造する、ということにでもなるだろうか。そのためには、あの森田思軒が思い描いていたような、外国からやってくる事象や概念に即応する性能のいい翻訳文体をつくり出すだけでは足りず、つまるところ、だれもが自分自身のただ一つの身体を自在に駆使して自己表現をおこなうように、自分自身のただ一つの言語を駆使して、話すことも書くこともできる、そんな日本語を練りあげる必要があったということになるだろう。

さて、こういうわけで、私たちはここから言文一致運動の歩みをたどることになるのだが、このあたりのことについては、いささか付言しておく必要があるだろう。ここしばらく、新進気鋭の論者たちによって日本語史や日本文学史の見直しがなされるなか、言文一致運動はすこぶる評判が悪かった。批判にいわく。言文一致は、庶民の多様な話し言葉を虚構の「東京語」「標準語」に回収し、国民国家を構築してゆくための暴力＝抑圧装置となった。あるいはまた、言文一致は、話し言葉がそのまま書き言葉になったかのような幻想をもたらすが、実際には、後述する円朝落語のような「擬似話し言葉」にもとづいていた……等々。まさにその通りである。たしかに、これまでの国語・国文学者たちの能天気な叙述からは、そうした視点がぽっかりと欠落してしまっていた。

しかしながら、私はさしあたり、ここでそれらの観点を強調しようとは思わない。言文一致が「擬似話し言葉」にもとづいていたことは、後に私も、円朝落語・演説などをめぐる「言」「文」の歩み寄りというスタイルで論じるとして、言文一致が「抑圧装置」であったことについては、あえて触れるつもりはないのである。というのも、それ以前に、もしくはそれ以上に、やはりただ一つの「思考の身体」を手に入れようとした先人たちの努力の全幅《ぜんぷく》をたどる方が先決問題であるように思われるからだ。

あるいはまた、方言が標準語に「回収される」過程についても、上方語《かみがた》と江戸語との対立が隠蔽《いんぺい》されてゆく過程についても、論じてはいない。それにはもう一つの理由があって、こうした人為的な共通語を洗練させていく方向性を、現時点では、あまりネガティヴにとらえたくないと考えているからである。第六章で言及することになるだろうが、私は、もっとニュートラルな物言いを可能にしてくれるような日本語の必要性を痛感している。つまりは、言文一致運動にまだまだ学ぶものがあるだろうと考えているのである。

チョンマゲを結ったシェイクスピア——坪内逍遥

まあ、老婆心による前置きはこのくらいにしておいて、再び話を元にもどそう。とにかく、話すときにも書くときにも自分自身の身体のように自在に使える日本語を練りあげる必要性は、言語をもちいて自発的な表現をおこなおうとする人々、とりわけ作家たちにとっては、のっぴきならぬものとなっていたにちがいない。なかでも坪内逍遥の悩みは深刻だった。彼はやがて主著『小説神髄』（明治一八〜一九年、一八八五〜八六）やシェイクスピアの翻訳によって一世を風靡《ふうび》するようになるとはいえ、後に、この時期のことをふり返って「表現苦時代」と呼んでいるほどである。

> 明治廿《(二〇)》年前後は、新文学の画期的産苦時代、就中《(なかんずく)》表現苦の時代であつたことを知らねばならぬ。［……］徳川期の旧文章以外に、新思想を表現すべき何等の新様式もなかつた明治初期［……］是れは口語体完成以後に生れた人達の夢想し得ないことであらう。［……］其思想が、いはゞ、急にロシャ式に化せられたにも拘《(かかわ)》らず、それを言ひ現す文章としては、漢文くづしか、和文くづしか、戯作文かしか無く、而《(しか)》も其三つとても、あんまり自由には使ひこなせないといふ苦しみであつた。（「柿の蔕《(へた)》」）

明治二〇年前後といえば、まさしく物集高見が「言文一致」を書いた時期に符合する。逍遥は、この表現苦のただなかにあって『小説神髄』を発表し、やがてそれによって近代文学の生みの親にもされるわけだが、それはともかく、私たちとしては、今は古ぼけてしまったこの小説論の背後にも、むしろ言語や文体への執拗《しつよう》な問いかけを感じないではいられない。おそらくこの作品の中核は、ふつう世間で考えられているところとはちがい、「小説の主眼」にではなく「文体論」に置かれている。それが証拠に逍遥は、『小説神髄』の構想を練っている最中の明治一六年（一八八三）に、「小説文体」と題する一文を『明治協会雑誌』に載せ、まずは自分自身の立場を小出しに世に問うているわけだし、やがて『小説神髄』が公刊された後にも、その補遺のような形で「文章新論」（一八八六）をしたためているのである。彼もまた彼なりに、文体への模索を通して、森田思軒や物集高見らの同行者となっていたのにちがいない。

　ただ、逍遥は、新しい日本語を手探りする同時代の知識人たちにくらべて、一味ちがったスタンスをとっていた。物語や芝居を好んだ母ミチの薫陶《くんとう》によるのだろうか、彼は「漢文くづし」よりも「和文くづし」よりもはるかに「戯作文」と近しい関係をむすんでおり、幼いころから歌舞伎にも親しんでいたらしい。言うまでもなく、戯作文や歌舞伎芝居は江戸期以来の庶民的なものであり、分かりやすさこそが命となる。そんな立場からなされた逍遥の翻訳は、当然ながら、あの『花柳春話』のような漢文訓読体になるはずはない。彼は『小説神髄』公刊の前年にシェイクスピアの『ジュリアス・シーザー』を訳しているが、そこにはまるで、歌舞伎座の舞台にチョンマゲを結ったシーザーが登場するかのような趣きがある。題して『自由太刀《じゆうのたち》餘波鋭鋒《なごりのきれあぢ》』。

　心得《こころえ》たりと、皆一同《みないちどう》に懐《ふところ》に、かくし持《もち》たる懐剣《くわいけん》ぬきもち、左右前後《さいうぜんご》無二無三《むにむざん》、つき夜《よ》に戦《そよ》ぐしのすゝき、暗《やみ》にきらめく電光《いなづま》の、刃《やいば》の下《もと》をかひくゞり、或《あるひ》はけたふし《（蹴倒し）》ふみにじる、死物狂《しにものぐる》ひ

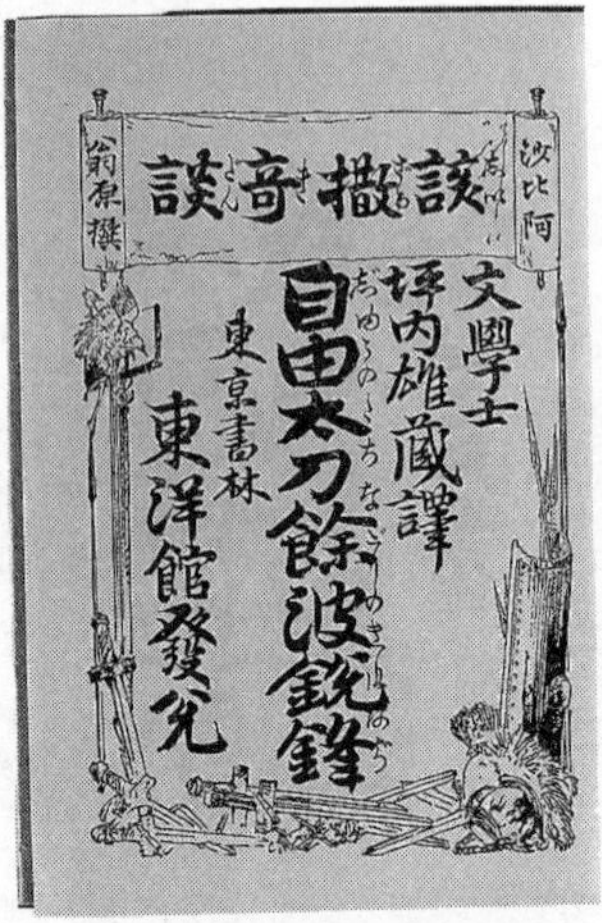

坪内逍遥訳『自由太刀餘波鋭鋒』トビラ（川戸道昭氏蔵）。

の獅威差《しいざる》が、獅子奮迅《ししふんじん》の働《はたら》きに、ソリャ珍事《ちんじ》ぞと議堂《ぎだう》の中うち、上《うへ》を下《した》へと立《た》ちさわぐ、暴浪《あかしまなみ》に大山《おほやま》の崩《くず》れかゝりしごとくなり、始終《しじゆう》を窺《うかが》ふ、マアカス舞妻多須《ぶるたす》、走《はし》りかゝって獅威差《しいざる》の腋下深《ちのしたふか》く突《つき》こむ鋒《きつさき》（獅）ヤ舞妻多須《ぶるたす》、汝《なんぢ》までが、と只一言《ただひとこと》を此世《このよ》の名残《なご》り、外套《ぐわいたう》かづきて面《おもて》を掩《おほ》ひ、二十餘《にじふよ》瘡《そう》を蒙《かうむ》りて、立《た》ち並《なら》びたる肖像《せうぞう》の、多《おほ》きが中《うち》に奔瓶《ぽんぺい》が、像《ぞう》のほとりへ伏《ふし》まろび、はかなく息《いき》は絶《た》えにけり

ご存知、シーザー暗殺の名場面である。七五調のリズムにのって、今ならば幸四郎か勘九郎あたりが見得を切ることにでもなるのだろうか。ともかく、『ジュリアス・シーザー』は、すっかり浄瑠璃の院本体《いんぽんたい》に訳されているのである。翻案としては大成功。だが、そこには、かつてエリザベス朝で活躍したシェイクスピアの片鱗さえ残ってはおらず、かならずしも逍遥は、手ばなしで喜んでいるわけにもいかなかったらしい。

この場を英語の原文で読んでみれば一目瞭然のことだが、本来ここには、「死物狂《しにものぐる》ひの獅威差《しいざる》が、獅子奮迅《ししふんじん》の働《はたら》き」などどこにもない。一同とシーザーとの間には、緊張した対話《ダイアローグ》こそ交わされる

が、その後は、およそ無言のうちに白刃《はくじん》がひらめき、かの周知の一言「ブルータス、お前までもか」が発せられて、あっけなくシーザーは絶命するのである。つまるところ、庶民の耳に心地よく雰囲気ばかりを盛り上げる院本体への翻案は、事件を構成するその緊張した対話《ダイアローグ》を再現できないところに致命傷を隠していたのではなかったか。

逍遥の訳はこのとき、あの森田思軒の訳の対極に位置していたわけであり、思軒が日本語を異化する働きをしていたとすれば、逍遥はシーザーを日本語に同化していたことになる。だとすれば、思軒が漢文の「陳言」から逃れようとした同じ身振りを、やがて逍遥もまた、院本体や戯作文に対してとらなければならなかったのは見やすい道理であるだろう。

来たるべき文体の二つのモデル

翌年の『小説神髄』には、しばしば言われるように、戯作の「勧善懲悪」的単純化への批判が色濃くあらわれているが、これは結局のところ、そうした表面的な理念に対する批判というよりもむしろ、そのような単純化に向わざるをえない戯作の文体そのものへの批判となっているのではないか。これこそ、私たちが文体論をこの書の中核と考えるゆえんである。逍遥はそこで文体を三つに分類している。すなわち「雅文体」と「俗文体」と「雅俗折衷《せっちゅう》文体」。

雅文体は、いわゆる大和言葉であり、これは「概《おおむ》ね藤原氏が摂政せし文弱婬靡《ぶんじゃくいんび》の中古の世に婦人連の手になりたる閑暇《かんか》の著述」からくるものだから、「優柔閑雅《ゆうじゅうかんが》」であって、「婉曲富麗《えんきょくふれい》」の文を作るにはいいが、「活発豪宕《ごうとう》」の気風はないとされる。ところが、小説というのは、「優柔閑雅」だけではなく、「激昂雄快《げっこうゆうかい》」「悲涼沈痛《ひりょうちんつう》」「抱腹絶倒《ほうふくぜっとう》」と、あらゆることがらを描き出さねばならないので、この文体だけでは用をなさない。

では、俗文体はどうかと言えば、「平易」で「活動的」で「雄健」だから、西洋小説でも地の文章以外にはよく用いられている。しかし、これはまたこれで、逆に「音調侏離《（しゅり）》に失し」「気韻の野なるに失」することになる。つまり、下卑《げび》てしまうわけである。

したがって、今後、小説はよろしく雅俗折衷文体で書かれるべきだということになる。ただし、その場合にもミックスのしかたが大切で、そこからすると、おおよそ二つのモデルが考えられる、と彼は言う。稗史体《よみほん》と艸冊子体《くさぞうし》である。前者は雅俗の割合が七対三ぐらい、後者はその反対と考えればよろしかろう。雅文には、いにしえの和語ばかりではなく漢語も入るわけだから、それを多く取り入れることによって、稗史体は記述的・叙事的な時代物語にあつらえ向きのものとなる。艸冊子体は俗語を多くして漢語をへらし、情的な表現をしやすくするので世話物語（市井の出来事や人物を題材にした作品）に向くだろう、云々。

たしかに、稗史体と艸冊子体との中間には、雅俗さまざまなブレンドの可能性があるのだろうが、逍遥は、ともかく、この最後の雅俗折衷体の艸冊子体に近いところで、将来の小説の文体、ひいては一般的な日本語の文体を考えようとしていたらしい。もちろん、「よろしく此体を改良して」とつけ加えることも忘れてはおらず、つまるところ彼は、幼少より親しんできた戯作の分かりやすさと活力とを基礎におき、それを改良することによって来たるべき文体を練ることにしたわけだ。これは当然、「文」を「言」へと近づけることになり、言文一致運動の一つの大きな流れを形づくっていくことになるだろう。

ただし、こうした理論を実作に生かすべく同時に彼がしたためていた『当世書生気質』は、そこに使われている七五調や掛詞《かけことば》・縁語といったものからしても、まだまだ戯作文学の域を出てはいなかった。と言うよりもそれ以上に、戯作や歌舞伎によって永年はぐくまれてきた逍遥のノスタルジーが、彼をして、そこから決定的に逸脱することを許さなかったのにちがいない。

さま〴〵に。移《うつ》れバ換《かは》る浮世《うきよ》かな。幕府《ばくふ》さかえし時勢《ころほひ》にハ。武士《ぶし》のみ時《とき》に大江戸《おほえど》の。都《みやこ》もいつか東京《とうきやう》と。名《な》もあらたまの年毎《としごと》に。開《ひら》けゆく世《よ》の餘澤《かげ》なれや。（同書、冒頭部）

二葉亭四迷（写真提供・日本近代文学館）

二葉亭四迷の言文一致運動

このような限界を越えて逍遥の志向が満たされるためには、そこに「元来の文章下手で皆目《かいもく》方角が分からぬ」と自認する一人の人物が登場する必要があった。二葉亭四迷こと長谷川辰之助である。当時の風潮からして、彼もまたご多分にもれず、幼いころからあちらこちらの漢学塾に通わされてはいるものの、八歳ごろからフランス語もかじり始め、やがて三度も陸軍士官学校を受験しては不合格となり、ついに東京外国語学校のロシア語科に進むという経歴をもっている。漢学に凝《こ》りかたまりもしなければ、戯作にうつつをぬかすこともなく、まあ、最後にロシア思想からしたたかに頭を殴られたという手合いであったと言っていい。

自分に似合った「思考の身体」を手に入れることもなく、眼高手低に悶々《もんもん》としながら、彼はやがて坪内逍遥の門をたたくことになるのである。

もう何年ばかりになるか知らん、余程前のことだ。何か一つ書いて見たいとは思つたが、元来の文章下手で皆目方角が分らぬ。そこで、坪内先生の許《もと》へ行つて、何《ど》うしたらよからうかと話して見ると、君は円朝の落語を知つてゐよう、あの円朝の落語通りに書いて見たら何うかといふ。(「余が言文一致の由来」明治三九年、一九〇六)

そこで彼はそのとおりにやってみた。そしてこれがあの『浮雲』へと結実することになり、ここに、文学史上、燦然《さんぜん》と輝く言文一致文学の金字塔が打ち立てられる、とかなんとか言われながら、私たちはきわめて月並な理解、いやむしろ無理解をさせられてしまうわけだが、ともかく、落語どおりに書いて言文一致が成り、不世出の名作ができるならば、作家ほど気楽な稼業もあるまいもの。

もちろん、二葉亭の言文一致への歩みが、それほど容易であったはずはない。

当然ながら、彼はまず、言文不一致によって作り上げられてきた「言」の性質に悩まずにはいられなかった。つまり、逍遥の教えにしたがい、雅俗折衷体をもって疎遠な「文」を身近な「言」に近づけようとした二葉亭は、この「言」が、永年にわたる言文不一致のおかげで、今や猥雑な語り以外の何ものでもなくなっていることにハタと思いあたらねばならなかったのである。先ほどの引用箇所に続けて、彼はこんな風にも書いていた。

けれども、自分には元来文章の素養がないから、動《やや》もすれば俗になる、突拍子《とつぴやうし》もねえことを云やあがる的になる。坪内先生は、も少し上品にしなくちやいけぬといふ。徳富さんは文章にした方がよいと云ふけれども、自分は両先輩の説に不服であつた［……］どこまでも今の言葉を使つて、自然の発達に任せ、やがて花の咲き、実の結ぶのを待つとする。［……］当時、坪内先生は少し美文素を取り込めといはれたが、自分はそれが嫌ひであつた。［……］そして自分は、有り触れた言葉をエラボレートしようとかゝつたのだが、併しこれは遂《と》う〳〵不成功に終つた。恐らく誰がやつても不成功に終るであらうと思ふ、中々困難だからね。自分はかうして詰らぬ無駄骨を折つたものだが……。

いかにもおどけた語り口ではあるが、ここには、かなり本質的なことがらが顔を出している。坪内先生の言わんとするところは、下品な「言」に寄り添いすぎてはいけないということ、徳富さんの言わんとするところは、「言」の冗長さに流れず、ひきしまった「文」にすべきだということになるだろう。

文末表現をめぐる問題

すでにくり返し述べてきたように、言文の二極分化は、「言」を卑近で瑣末なコミュニケーション手段へとおとしめ、「文」を形式的で尊大なスローガンに仕立て上げていた。したがって、「宗教家も哲学者も手を着けずに置く大事実」(「作家苦心談」)を小説にしようと目論むほどの二葉亭の言文一致運動は、あるがままの「言」、つまり「突拍子もねえことを云やあがる的」の「言」をそのままに「文」とするものではありえまい。坪内先生の助言をいれて、まさにそれを「エラボレート」する(精巧に作り上げる)必要があっただろう。

同時にまた、徳富蘇峰《そほう》が危惧《きぐ》するように、「言」というものは、なかなかひきしまったものにはなりえない。もとより話し言葉というのは、話者がおかれた状況に応じて伸び縮みするものであり、いわゆる「言語場《げんごば》」に大きく左右されている。「あのー、そのー、なんですね、もしよかったら……」というぐあいにやたらと冗長になってみたり、「あれ、どうだった?」などと極端に省略されてみたり、結局のところ、ひどく気まぐれな物言いになりがちである。これにくらべれば、書き言葉には歴史的由来があり、かなりの自律性もそなわっている。

そのうえ、日本語は本質的に待遇《たいぐう》表現的な言語、つまり、敬語を介して相手との関係性が大きくからんでくる言語であり、話すときには「あなた」「きみ」「おまえ」等々を使い分けながら、敬意の度合にも、かなり気をつかわねばならない。とりわけ、あの「門閥制度は親の敵《かたき》でござる」と言わざるをえなかった福沢諭吉のころから、ようやく一世代をへだてただけの時代である。福沢のいた中津藩の塾では、身分の上の子供は下の子供に「貴様」、下の子は上の子に「あなた」を使わねばならなかったというが、そこからしても、このころの待遇表現の錯綜はまだまだ想像するに余りある。だとすればやはり、「言」をそのまま「文」に移そうとすると、客観描写には向かないばかりか、周囲への配慮に手一杯で、思考を拡散させるような文章となってしまったにちがいない。

ことほどさように、この待遇表現にかかわる文末ひとつを取ってみても、四迷は「ございます」体にするか「だ」体にするか、大いに迷ったという。同じころに言文一致を模索していた山田美妙《びみょう》や嵯峨《さが》の屋《や》おむろ（一八六三〜一九四七）もこの伝にもれず、さまざまに苦労したあげく、ようやく二葉亭が「だ」、美妙が「です」、嵯峨の屋が「である」に落ちついたというのは有名な話だが、ここには単なるエピソードの域をこえた問題が隠されている。

よく知られているように、通常、日本語では結論が文末にくる。当然ながら、話者の主体的な態度は、文末の助辞類によって表明されることになるはずだ。したがって、それまでの文語文では、それがよし物集の言ったように「死んだ古人の手」になるものだとしても、「なり」「ぬ」「き」「む」「べし」「しむ」「や」と見事にニュアンスに富んだ言いまわしが完備していたわけである。これをどうやって新しい文体の文末に取りこむか。たかが文末の助辞とはいえ、作家たちの苦労は、ここに集中的にあらわれていたのである。

いずれにもせよ、このように言文一致運動は、単に「文」をそのまま「言」に近づければいいという単純なものでなかったことだけは、はっきりと認識しておくべきであるだろう。明治二一年（一八八八）に山田美妙は、その「言文一致論概略」で、「文を言に近づける」方向と「言を文に近づける」方向との二種類の言文一致論があることに言及しているが、この視点を忘れてはならない。一方に、漢文訓読や戯作文の枷《かせ》をのがれて「文」を「言」に近づけようとする作家たちがいたとすれば、他方にはまた、卑近になり過ぎた「言」を「文」に近づけようとする人々もいたのである。

2 「言」を鍛えなおす——速記術から演説まで

「言」の自己反省性《レフレクシヴィテ》——円朝と速記術

ところで、逍遥先生の助言により二葉亭がまずもって手本としたのは、かの落語界の大御所、三遊亭円朝だった。このことに言及した際、私はつい「落語どおりに書いて言文一致が成り、不世出の名作ができるならば、作家ほど気楽な稼業もあるまい」などと不謹慎な物言いをしてしまったわけだが、この円朝の噺《はなし》がそのまま今日にまで書きのこされ、今や天下の岩波文庫にも入っているとしたらどうだろう。やはり、当時の「言」をありのままに写せば、結構、言文一致体は成立する可能性もあったのだろうか。と、しかし、そう考えることこそが、むしろ話芸に対する不敬の念に満ちていよう。今は亡き枝雀《しじゃく》や志ん朝の笑顔に隠された孤独と修練を考えてもみよ！ などと脱線するのはよしにして、ともかくも、落語がありのままの「言」でないことだけは、ここで確認しておく必要がある。

そのうえ、円朝の落語というのがまた曲者《くせもの》なのであって、私たちはそれが、当時としては異例の、新しい語法の試みとなっていたことにも気づかねばならない。まず、彼は当時の落語で一般的だった「～でげす」や「～でがす」などの言葉づかいを用いない。むしろ劇評家・岡鬼太郎が証言しているように、「申します」「ございます」「致します」「です」などを使い「総じて穏やかに上品」であった。そもそもこうした敬体表現は、明治に入ってから、花柳界や下層社会の用語がしだいに昇格して一般化したものだとされているが、円朝はこれを新作人情噺《にんじょうばなし》の地の部分に取りこんで新機軸を示しているのである。彼は、こうした敬体表現を使うことによって対象から適度に身を離し、そこから安定した語りを淡々とつみ重ねて、聴衆を説得する。一方、会話の部分ではリアルな口調を再現し、人物の特徴を鮮明に浮かび上がらせることになる。つまるところ円朝の噺には、どことなく、近代小説における作者の語りと会話部分との関係を先取りしているようなところがあり、彼はここで、すでに「言」を「エラボレート」してしまっていたのだと言うことができるだろう。

それればかりではない。たとえば、第一章でも引用した円朝の十八番《おはこ》『怪談牡丹燈籠』などは、当

若林玵蔵の速記による翻訳本『夜と朝』（ブルワー・リットン著、明治26年再版）。**言文一致体を用いた重要な作品と言われる**（川戸道昭氏蔵）。

時、田鎖綱紀《たくさりこうき》が創始したばかりの速記録によって、はやくも明治一七年（一八八四）には一冊の講談本として公刊されていたのである。二葉亭が逍遥にすすめられて高座を見に行くまでに、すでにその語りを活字本で読んでしまっていたとしても、そこには何の不思議もない。事実関係はともかく、そのような円朝の「言」が、二葉亭にはあらかじめ「文」として与えられたかもしれないという想像は、いかにも示唆的であるだろう。つまり、二葉亭が学ぼうとした「言」は、すでにして半ば「文」だったとでも言おうか。本来、語り言葉《パロール》として一期《いちご》一会《いちえ》で消え去っていたものが、今や速記によって書き言葉《エクリチュール》として刻印され、客体的に見えるものとなっているのである。円朝自身でさえ自分の語りを見る、あるいは、それを見て反芻《はんすう》する……という構図がそこにはある。

そんなふうに考えるならば、速記というものの登場が、当時の「言」を「エラボレート」するためにどれほど力があったのか、多少なりとも想像がつこうというものだ。今でこそ速記は、録音機器によって時代遅れのものとなった単なる音声転写技術のように思われがちだが、かつては、「言」のなかに自己反省性《レフレクシヴィテ》をもちこむ新しいメディアとなっていたのである。

『怪談牡丹燈籠』の「序詞」で速記者の若林玵蔵《かんぞう》は、「我国の説話の語法なきを示し、以て将来我国の言語上に改良を加へんと欲する遠大の目的」をかかげていた。やがて、この若林のもくろみは着々と実行にうつされ、速記が導入される各分野に、あまねく「言」を対象として意識化する動きをつくり出し、ついには、明治二三年（一八九〇）に開かれた第一回帝国議会にまで、その絶大な影響力をおよぼすことになるだろう。議会の閉会にあたり、時の書記官長・金子堅太郎《けんたろう》は、速記者を一堂に集めて労をねぎらったが、その祝辞のなかにはこんな一節がある。

それからもう一つ愉快なことは、実に議事速記はコワイものだ、十分ことばは慎まなければならぬということを自覚したことである。それで、最初はデタラメに演説したが、二度目からは前の晩に草稿を作って、それを独りでしゃべって、翌《あく》る日議事堂で演説するようになり、速記者のために自分の精神も、脳髄も、思想も緻密にされたと数多《あまた》の議員が私に語った。してみれば、あなた方の速記のために、これまで錯雑しておる思想も緻密になり、慎まざる言語も慎むようになって、これからの日本の演説が一変するだろうと私は思う。また次には日本の文章というものが一変するだろうと思う。〔……〕やがて日本の文章が速記で書くようなものになるだろうと思う。〔……〕明治二十三年の帝国議会より日本の言文が一致するようになる。ヨーロッパどおりに書くことも言うことも一致する。（福岡隆『日本速記事始』より）

幸か不幸か、いまだ日本の文章が速記で書かれるようになったことはないが、たしかに速記のおかげで、発言者は襟を正し、草稿を練り、思想を緻密にし始め、日本語の言文一致にも、いっそうの拍車がかかったことは疑いない。やがて金子堅太郎は、みずから緻密になった思想をもって（?）日本大学の前身、日本法律学校の初代校長となるわけだが、それはともかく、まさしく速記は、「言」が「言」をふり返り、自分自身を「エラボレート」して「文」の方に歩み寄るための鏡の役割を果たしていたと言えるだろう。二葉亭が「文」を「言」に近づけようとしたとき、「言」はすでにかなりの程度「文」に近づいてもいたのである。

福沢諭吉と演説

とはいえ、速記はあくまでも「言」が「言」を見る、すなわち、「言」が「文」を介して自己意識をもつことの最終的な象徴に過ぎず、もちろん、速記が登場してくるはるか以前から、「言」はみずからをふり返り、襟を正して、見事に「エラボレート」されたさまざまなジャンルを作り上げていた。円朝のまわりに割拠《かっきょ》する落語や講談といった話芸しかり、石田梅岩《ばいがん》の流れをくむ心学道話しかり、さらには、全国津々浦々で連綿とおこなわれてきた寺院の説法しかり、いずれ劣らぬ見事に洗練されたものだろう。粋な語り、笑いをふりまく絶妙な仕掛け、涙をさそうしみじみ話……だが、そこには、たった一つ欠けている「言」があった。それはたとえば「カンヴァセイション」に対する「ディスカッション」のようなもの、ややかたい言葉にするならば論理構築的な「言」である。こうしたタイプの「言」は、あの言文の二極分化によって、当時、すっかり「文」の側にゆだねられていたのだと言っていい。

明治の世にあって、このあたりのことを最もはやく問題にしたのは、おそらくは、かの福沢諭吉であった。彼は、万延元年(一八六〇)の咸臨丸《かんりんまる》による米国視察ののち、帰途ホノルルに寄って、プナホの学校の弁論大会に招待されたという。見知らぬ国でくり広げられていたこの種の「言」の交錯は、はたして弱冠二五歳の彼の耳にどう響いていたのだろうか。やがて慶應義塾の創立とともに福沢は、この「言」をあやつる技術をカリキュラムにも採り入れようと試み、ついには、今日なお慶應義塾大学三田キャンパスに残る演説館の建設にまでいたるのである。彼は『学問のすゝめ』でこう語っていた。

演説とは英語にて「スピイチ」と言ひ、大勢の人を会して説を述べ、席上にて我思ふ所を人に伝ふるの法なり。我国にては古《いにしえ》よりその法あるを聞かず。寺院の説法などは先づこの類なるべし。西洋諸国にては演説の法最も盛にして、[……]この法の大切なるはもとより論をまたず。たとへば今世間にて議院などの説あれども、たとひ院を開くも第一に説を述ぶるの法あらざれば、議院もその用をなさざるべし。

当時、巷では議会開設の声が高まっていたわけだが、まさしく彼が言うように、その議会で交わされるべき議論や演説の方法は、まだまだ人々の間には知られていなかった。それどころか、日本語では演説などできるはずがないというような、今日から見れば冗談とも思えるほどの意見が大勢をしめていたのである。そもそも「演説」という言葉からして、自分の手で考案しなければならなかった、と、そう福沢は書いている。彼は「スピイチ」に日本語訳をあたえようとあれこれ思案していたが、ふと、故郷の中津で藩士が藩庁に「呈出」する書面のことを「演舌書」と呼んでいたことを思い出す。こいつはいいというわけで、早速、同僚の意見を聞くが、「舌」は少々俗っぽい。結局、「演説」でいこうということになったらしい。

ただ、実を言えば「演説」の語は、すでに第二章で紹介した安政の『和蘭字彙《オランダじい》』にも見られるし、さかのぼっては『太平記』、さらには『周書』『法華経』にまで用例がある。まさしくそんなことから、反骨のジャーナリスト・宮武外骨《みやたけがいこつ》は諭吉考案説に対し「諭吉先生が日本の古い記録などを見なかった浅識によるものである」と喝破《かっぱ》したが、それでも、スピーチの訳語にこれをあて、新たな「言」のあり方を模索した栄誉は、やはり諭吉先生に進呈すべきものだろう。

彼はまず、箕作秋坪《みつくりしゅうへい》、津田真道《まみち》、西周、加藤弘之、杉亨二《きょうじ》、森有礼《ありのり》らとともに結成していた明六社で公開演説会を開くよう提言した。ところが一同は、演説の可能性には半信半疑。色よい返事をしてくれない。森有礼にいたっては、西洋流のスピーチは西洋語でなければできない。日本語はただ「談話応対」に適しているだけで、公衆に語りかけるなど不可能な言語であると言って反対したという。さすがに、日本語をやめて英語を国語にすべきだと主張した御仁の言いぶんにはふさわしい。そこで福沢は一計を案じることにした。

　ある日彼は、木挽町《こびきちょう》の精養軒の一室にこうした面々を一〇人ばかり集め、今日は諸君におりいってお話し申すことがあるから聞いてくれぬか、ともちかける。そうしておいて、おもむろにテーブルの端に立った彼は「台湾征討」を話題にし、三〇分から一時間ほど、たて続けにしゃべったという。一息ついて、さて、ただ今のぼくの話はよく聞き取ってもらえただろうかとたずねると、皆そろって肯首《こうしゅ》する。そこで福沢は「ソリャ見たことか、日本語で演説が叶(かな)はぬとは無稽(むけい)の盲信に非(あら)ざれば臆病者の遁辞(とんじ)なり」と歌舞伎の一場のように見得を切ったとか。こうして勝利をおさめた福沢は、いよいよこの演説法を広めるため、慶應義塾の演説館建設に着手することになるのである。

「文」を迂回した「言」

　その後の演説の流行は言わずもがな。演説館の柿落《こけら》としが明治八年（一八七五）で、このころおそるおそる始められた演説が、その二年後の明治一〇年には「演説会の熾《さか》んなるは米国革命前の実勢を写し来れり」（『横浜毎日新聞』）と言われるほどになり、さらにその四年後に全国で開かれた演説会の数は、なんと一八一七回（『内務省統計報告』）にものぼっている。大阪の戎座《えびすざ》や東京の新富座《しんとみざ》には、五〇〇〇人以上の聴衆がおしかけたという記録もあるし、そのなかから、やがて名だたる演説家たちも生まれてくることになる。そうした人々については、明治一五年（一八八二）にジャーナリスト栗田信太郎が、その著『明治演説評判記』でおもしろいコメントをつけているので、こ

栗田信太郎著『明治演説評判記』（明治15年刊、早稲田大学図書館所蔵）。

こにちょいと紹介しておこう。

まず、犬養毅《いぬかいつよし》は抑揚がたりない。馬場辰猪《たつい》はヨーロッパ仕込みだから申しぶんないが、卓上に右手の指をたてて段落ごとに「サテ」とやるおかしな癖がある。田口卯吉は口べたで「サレバ、サレバ」とくり返すので退屈してしまう。改進党系の活動家・肥《こい》塚龍《づかりゅう》は、すぐに説教をたれるし、後の衆議院議員・青木匡《ただす》は、人を見くだしている。民権活動家の堀口昇や政友会の波多野《はたの》承五郎は、うぬぼれが強い。『横浜毎日新聞』社長・沼間守一《ぬまもりかず》は、団十郎を気取りながら手をもむ癖があるので「にぎりめし演説」、沼間の舎弟分・末廣重恭《すえひろしげやす》（鐵腸《てっちょう》）は軍事教練みたいな身ぶりをするので「調練演説」、『自由新聞』記者の西村玄道《げんどう》は前後に脚を開いて米つきのような姿勢をとるので「米つき演説」、あるいは、「家政」の概念をとり入れて「女大学」論をものした土居光華《こうか》は、官吏を侮辱し、政府を誹謗《ひぼう》するので「焼中演説」と、栗田は、それぞれに絶妙な形容をあたえている。

さらに、民権思想家・草間時福《くさまときよし》は、演説は下手なうえに直立して抑揚もなく、ひたすら棒のような男。自由党の林包明《かねあき》は話が長く、やがて論旨がわからなくなる。改進党系の新聞記者・波多野伝三郎は「沈香も焼かず屁《ママ》も放かず《ママ》」、つまり毒にも薬にもならない。髪の毛を長くして長髪議員と呼ばれた高梨哲四郎は、「シテ」「云フモノハ」「如何トナレバ」などの言葉をくり返しながら弁舌をふるうばかりで、籠細工《かございく》のように中味がない、と、ますます批評は舌鋒を鋭くする。『東洋新報』の記者・水野寅二郎にいたっては、饒舌《じょうぜつ》なだけで学がなく、聴衆に笑われるという。とりわけかわいそうなのは、立憲帝政党の丸山作楽《さくら》である。この男、無知・無学にして、声ばかり大きいが論理は「無茶苦茶」(現代の政治家そっくり!)。おかげで世間からは「布袋和尚《ほていおしょう》の寝言」と言われると、完膚なきまでの毒舌をあびせられている。

もちろん、こうしたユーモラスな評判記が刊行されるところからしても、戎座、新富座といった会場名からしても、これらの演説会が、時として、寄席や講談に近い娯楽として供されていた可能性は否めない。ましてや、これほどの短期間で、日本語の内に「ディスカッション」の伝統が根づいたなどと信じるわけにもいかないだろう。むしろそこにあるのは、今も昔も変わらぬ、わが同胞の流行を追いかける姿でしかないのかもしれない。

とはいえ演説の流行は、それでも人々に「言」のあり方を意識させ、徐々にそれを論理構築的なものにしていった。あるいはまた、尾崎行雄の『公開演説法』に代表されるような、この流行とともに刊行された数多くの書物が、さらに「言」を論理的なものに仕立てあげたと言ってもいい。雨後のタケノコのようにあらわれた演説法の書物には、西洋の弁論術の手引書を換骨奪胎したものが多く、そこでは決まって、「聴衆分析」「発表法」「内容構成」などのジャンル分けがなされ、不特定多数の聴衆をいかに論理的に説得するかということが説明されている。いきおい、演繹《えんえき》法、帰納法、三段論法などの論理学的な思考法も、人々の間に浸透していくことになるだろう。

そして何よりもまず、これらの本では、演説のためには必ず草稿を書くべきであることが説かれ、さまざまな手本が列挙されているのである。結局、こうした手引書をたよりに演説法を習得した人々は、とりたてて意識することもなく、「言」を「文」にうつすことによって卑近な「言」を推《すい》敲《こう》し、それを「文」に近づけながら、言文一致運動に一役かっていたことになる。つまりは、速記というものを介さずとも、彼らは常に「文」を迂回して「言」に自己意識をもたせていたわけだ。

ちなみに、速記が初めて実用化されたのは明治一六年（一八八三）だが、現在、私たちの手元には、明治七年におこなわれた福沢諭吉の演説がそのままの形で残されている。考えてみれば不思議なことだが、実は何のこともない。彼によれば、これは「口に弁ずる通りに予《あらかじ》め書に綴り、仮りに活字印刷に付して之を其まゝ述べんことを試みたるもの」であったという（「福沢全集緒言」）。つまるところ演説は、その創始者とともに初めから、「文」を介した「言」として出発したのだった。

3　コノテーションからデノテーションへ――言文一致の到達点

『浮雲』と「文の表層的なたわむれ」

こうして、文学者たちの「文」を「言」に近づける試みと、速記や演説がもたらした「言」を

「文」に近づける作用とが交差するところ、ついに、言文一致体と呼ばれるものが形をとる。二葉亭四迷が明治二一年（一八八八）に発表した翻訳「あひゞき」である。これはツルゲーネフの『猟人日記』中の一編を訳したものだが、現在の文学史家たちの間では、先にあげた『浮雲』以上に、言文一致の成就《じょうじゅ》した作品として認められているようだ。きまって引用されるのはその冒頭の部分だから、ここではむしろ末尾のところを紹介しておこう。

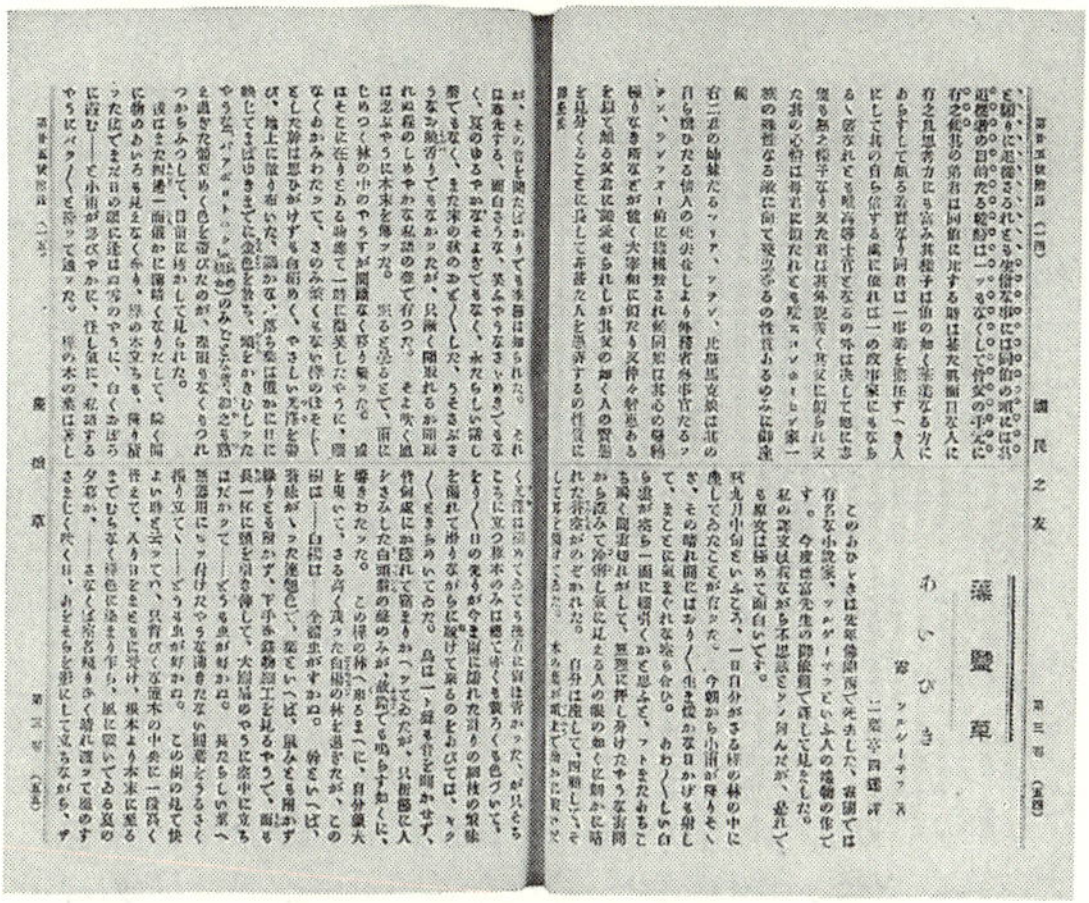

二葉亭訳の「あひびき」が掲載された『国民之友』（明治21年）。（写真提供・日本近代文学館）

鳩が幾羽ともなく群をなして勢込んで穀倉の方から飛んで来たが、フト柱を建てたやうに舞ひ昇ツて、さてパツと一斉に野面に散ツた――ア、秋だ！　誰だか禿山の向ふを通ると見えて、から車の音が虚空《こくう》に響きわたツた……

鳩がいっせいに散った野面に突如として秋を感じるなど、心にくいね、と思うまもなく、向こうを姿なき空車が通り、その音が虚空に響きわたる。なんとも見事な描写ではあるまいか。細かく見れば、旧かなづかいやカタカナの使用法にまだ多少の違和感が残るとはいえ、ここまでくると、もう今日私たちが使っている日本語とも、ほとんど変わるところはない。だが、それにしてもこの文体は、これまでの明治初期のものとくらべてどこが違うのだろうか。その点を考えようとするならば、これまた二葉亭の代表作『浮雲』が、おあつらえむきの資料となってくれることだろう。

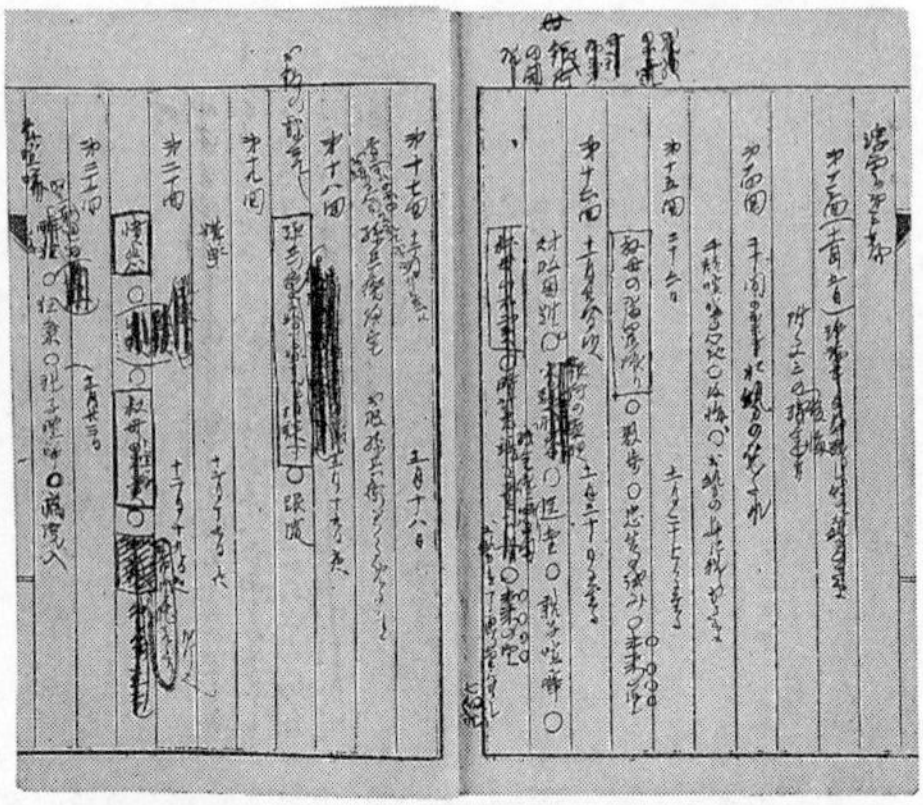
二葉亭四迷の日記「落葉のはきよせ」より、『浮雲』第三篇構想部分（写真提供・神奈川近代文学館）。

　彼は、明治一九年（一八八六）ごろから『浮雲』を書き始め、その第一篇を翌二〇年に、第二篇を「あひゞき」と同年に公刊している。つまりこの作品、個体発生が系統発生をくり返すかのように、それだけで、明治初期の文章が言文一致体へと向かう歩みを集約しており、そこでの移行がどういう性質のものであるかを見れば、「あひゞき」の新しさはおのずと明らかになってくるのである。たとえば『浮雲』の冒頭は、こんな文章から始まっていた。

千早振《ちはやふ》る神無月《かみなづき》も最早《もはや》跡《(あと)》二日の余波《なごり》となツた廿《(二十)》八日の午後三時頃に、神田《かんだ》見《み》附《つけ》の内より、塗《と》渡《わた》る蟻《あり》、散る蜘蛛《くも》の子とうよ〳〵ぞよ〳〵と沸出《わきい》で丶来るのは、孰《いず》れも頤《おとがひ》を気にし給ふ方々。［……］白木屋仕込みの黒物《くろいもの》づくめには仏蘭西《ふらんす》皮《がは》の靴の配偶《めをと》はありうち、之を召す方様《かたさま》の鼻毛は延びて蜻蛉《とんぼ》をも釣るべしといふ。［……］そこで踵《かかと》にお飾りを絶《たや》さぬ所から泥に尾を曳く亀《かめの》甲《こ》洋袴《づぼん》［……］デモ持主は得意なもので、髭あり服あり我また奚《なに》をか覓《もと》めんと済《すま》した顔色《がんしよく》で、火をくれた木頭《もくづ》と反《そつくりかへ》　身ツてお帰り遊ばす、イヤお羨《(うらやま)》しいことだ。

このあたり、言文一致を標榜した二葉亭が、それにもかかわらず旧文体の影響から脱しきれていないところである、とかなんとか、以前から文学史でもよく指摘されてきたものだが、それもそのはず。二葉亭自身が後に述懐しているように、ここは「三馬《さんば》と饗庭《あえば》さんのと、八文字屋《はちもんじや》ものを真似てかいた」ことになっている。三馬は式亭三馬、饗庭さんは饗庭篁村《こうそん》、八文字屋ものは江戸中期に京都の八文字屋が出した浮世草子のたぐい。明らかに旧文体による習作としたものなのだ。

その特徴は何かと言えば、まあ、一言で「文の表層的なたわむれ」とでもまとめておくべきだろうか。まずは戯作的な五七調くずしのリズムがあって、冒頭から「千早振る」などの枕詞《まくらことば》、「泥に尾を曳く亀甲洋袴」流の掛詞《かけことば》、「白木屋の黒物」的な縁語、「鼻毛で蜻蛉を釣る」類の誇張・諧謔《かいぎやく》法、等々。あげくの果てには、作者がひょっこりとあらわれ「イヤお羨しいことだ」と口を出す。だが、これに対し、第二篇ともなると文体は一変する。

お勢母子《せいぼし》の者の出向いた後、文三は漸《やうや》く些《すこ》し沈着《おちつい》て、徒然《つくねん》と机の辺《ほとり》に蹲踞《うづくま》ツた侭《まま》、腕《うで》を拱《く》み顋《あご》を襟に埋めて懊悩《あうなう》たる物思ひに沈んだ。

どうも気に懸《かか》る、お勢の事が気に懸る。此様《こん》な区々《くく》たる事は苦に病むだけ損だ〳〵と思ひながら、ツイどうも気に懸ってならぬ。


こんなくだりを読むと、ふと、あの鷗外の負け惜しみのこもった評を、つまり「浮雲には私も驚かされた。小説の筆が心理的方面に動き出したのは、日本ではあれが始であらう。あの時代にあんなものを書いたのには驚かざるを得ない。あの時代だから驚く」（「長谷川辰之助」）という評を思い出さずにはいられないが、私たちはくれぐれも、そんな「心理的」なものへの着眼などという矮小化された見方に与《くみ》しないよう注意しなければならない。ここで重要なのは、掛詞・縁語的な修辞をやめ、何をおいてもまず文が、「表層的なたわむれ」から主人公・文三の心理という表現対象の方へと、一気に入りこんでいることだ。

「文の表層的なたわむれ」は表現対象の側にではなく、言葉そのものの側に読者をひきつけ、掛詞や縁語のように言葉の喚起する雰囲気やイメージによって読者を魅了する。つまり、言葉とそれが表現する対象との関係よりも、言葉や概念そのものの関係が作りあげる秩序の方に、読者の目を向けてしまうのである。いきおい、対象の具体的で緻密な描写はなおざりにされ、新しい表現など望むべくもないような、おおげさで類型的な物言いがはびこることになるだろう。二葉亭は言文一致の文体によって、従来の文体が拘泥《こうでい》せざるをえなかった言葉の表層へのこだわりを、まずは、さっぱりと対象の方へ転換することに成功したのだった。

「ルポタージュ言語」と「詩の言語」——マラルメ、サルトル

さて、そこで思い出されるのは、あのフランスの詩人マラルメが分けた言語の二つの機能である。彼は「詩の危機」という問題作のなかで言語機能の二重性を取り上げ、一方を「ルポルタージュ言語」、他方を「詩の言語」と名づけていた。それは、後に哲学者サルトルが、言語の伝達性と物質性としてとらえ直したものにほかならない。

日ごろ私たちは、あれこれの言葉を使いながら、ほとんどいつも表現対象の方に目を注ぎ、当の言葉そのものに注意をはらうことはないわけだが、こうした構造をもつものがルポルタージュ言語であり、言語の伝達性である。ところが、詩人は言葉そのものの手ざわりや相貌が気になり、いつもそれらを見つめ、それらの組み合わせに心をくだいている。この言葉そのものに目を注ぐ構造をもつものが、つまりは詩の言語であり、言語の物質性というわけだ。そこからすればいかがだろう。さしずめ二葉亭は、言語の物質性から逃れて、その伝達性の方へと視点を移したのではなかったか。

おもしろいのは、ほとんど同時代人とも言える二葉亭（一八六四〜一九〇九）とマラルメ（一八四二〜九八）とが、この言語の二重性のまったく逆の側を目指そうとしていたことである。そこには

たしかに、小説家と詩人という二人の資質のちがいもあるだろう。小説家は対象を描き出さねばならないし、詩人は言語そのものの存在を意識しなければならない。だが、それ以上に、そこには洋の東西の状況が大きく関係してもくる。つまりフランスでは、当時でも、言語の論理性や対象の描写などは言わずもがな。むしろ、その物質性や遊戯性、マラルメの言葉を借りれば、言語の「虚像性」と呼ばれる機能こそが重視されるべきであっただろう。それにくらべれば、わが国で必要とされていたのは、何よりもまず、対象を具体的にとらえ、それを論理的に緻密に描写することであったにちがいない。

古典への連想を断ち切る

以上に関しては、二葉亭の「作家苦心談」に、いかにも示唆的な一節が語られている。

今までの美学者、哲学者などの説や論は暫《しばら》く忘れてしまつて、直《ただ》ちに人生に向ツて思ひを凝らして見ると、其所《そこ》に不思議な一種の感じがあると思ふ。例へば、今白刃《はくじん》を振あげてゐる下に坐して、我が頭の落ちるのを待ツてゐる瞬間の心持ですね、之れを唯《ただ》「恐ろしい」と云ツて仕舞へば、それツきりですが、「恐ろしい」と云ふ言葉だけでは、到底此の間の感じは現はしつくすことは出来ない。

そう、これなのだ。彼は結局、このあらわし尽くすことのできない感じをあらわそうと心を砕き、新たな文体をあみ出そうとしていたのである。とすれば、この文体の特徴も、さらにはっきり見えてこよう。まずは「恐ろしい」などという月並な表現に満足しないこと。つまりは決まり文句《クリッシェ》に陥らないことである。そこにおいては、二葉亭の試みも、あの森田思軒が漢文的決まり文句《クリッシェ》から逃れようとした努力に一致する。だが、そればかりではない。言うならば二葉亭は、それまでのあらゆる文章が背負ってきた過去の重圧を、一度は、すっかり捨ててしまって、自分自身の目で対象を見すえ、自分自身の言葉でそれを表現しようとしたのである。そのためには、つねに過去へと送り返される「文の表層的なたわむれ」は邪魔だろう。「神無月」（十月）は「千早振」ってもいけないし、「蜘蛛の子」がとるに足りぬものの比喩であってもいけない。十月は十月でなければならないし、あくまでも蜘蛛の子は蜘蛛の子でなければならないのである。

　やや専門的な用語を使えば、二葉亭が試みていたのはコノテーション（言葉にまとわりつく意味、言外の意味）を払拭《ふっしょく》することだったと言えばいいだろうか。生来、日本語はコノテーションの発達した言葉であって、ハナと言えばサクラ、トリと言えばウグイスやホトトギスを連想しなければならないし、花の露ははかなく、鳥の声は春をつげたり、あわれに響いたりせねばならないという約束事が縦横にはりめぐらされている。おかげで、和歌や俳句の洗練も、高度な言葉遊びも、見事にこなすことができるのだが、いかんせん、約束事を学ぶのにひどく時間がとられたり、約束事から離れた物の見方ができなくなったりするのである。

彼はこうした古典への連想を断ち切り、その言葉の本来的な意味（デノテーション）による表現につとめ、それを、この初々《ういうい》しい言文一致体に託すことにしたわけだ。「あひゞき」の鳩にも野面にも禿山にも、もはやコノテーションは一切ない。ツルゲーネフの、あるいは二葉亭の目に映った情景は、それがデノテーションの力のままに、読者へとストレートに訴えかけてくるのである。

明治維新は、良かれ悪しかれ、伝統というものと一度は決定的に断絶する必要があった。そして言語が、すぐれて私たちの「思考の身体」であるならば、まさしくこの言文一致体の確立こそは、私たち日本人の思考の深部、身体の深部に生じた維新そのものにほかならない。そこにおいてこそ、島崎藤村がくり返していたスローガンも、初めて全幅の意味が明らかにされようというものだ。

明治文学の黎明期《れいめいき》に於ける大きな仕事の一つとして考ふべきことは、所謂《いわゆる》言文一致なる文体の発見であらう。過去の制約からの文章の解放であらう。（「文学界の生れた頃」『早稲田文学』一九二五年六月号）

「思考の身体」の獲得、あるいは「皮膚のような文章」

かくして言文一致体は、あまねくわが国にゆきわたる……と、まあしかし、そう簡単に事がはこぶわけではなく、その後も、明治二〇年代の国粋主義的な風潮を背景に、尾崎紅葉《こうよう》ら硯友社《けんゆうしゃ》一派の攻撃をうけたり、森鷗外ら漢文的簡潔性を好む人々の躊躇《ちゅうちょ》に出会ったり、幸田露伴や泉鏡花らの美

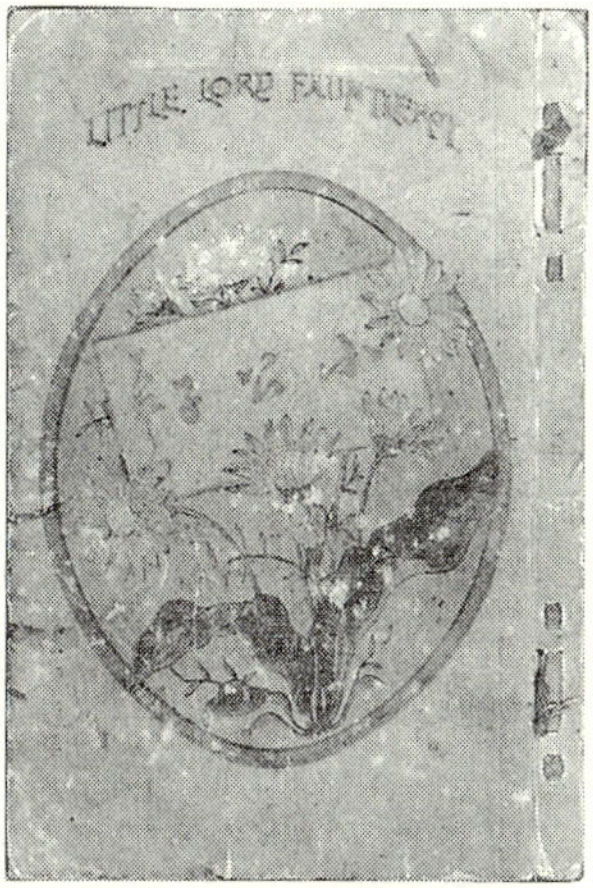

若松賤子訳『小公子』（明治24年刊行の初版）**と訳者若松の肖像写真**（明治30年刊行の『小公子』に掲載）。

感にそぐわなかったり、まだまだこの文体が市民権を得るまでにはいたらない。ようやく明治三〇年代の半ばごろから、「口語体」という名に変わりつつ、文章の主流を占めるようになってくるのは、あの『吾輩は猫である』でも見たとおり。

そこには、反対派の紅葉がエミール・ゾラの影響で賛成派にまわったり、正岡子規や高浜虚子の「写生文」運動、山田美妙に始まる「新体詩」運動などが功を奏したり、あるいはまた、上田万年《かずとし》、藤岡勝二、新村出《しんむらいづる》、保《ほ》科《しな》孝一などの学者たち、「かなもじ」論者や「ローマ字」論者たちの後押しもあったにはちがいない。だが、とりわけ次世代に向けての地ならしとなったのは、若松賤子《しずこ》が言文一致体で邦訳した『小公子』（明治二三〜二五年、一八九〇〜九二）や、三〇年代から『国定尋常小学読本』に採用され始めた数々の口語教材だった。

をぢさん、さうぃふけれども、此箱の上に腰かけてゐるのは、侯爵だよ。

と聞いて、ホッブスは、殆《ほと》んど椅子から跳《と》び落ちさうな気色でした。

何を言ふんだあー。

と、びツくり声で云ひました。セドリックは、遠慮気味に、
エー、でも、僕が、侯爵なンです。あの、これから、それになるンです、譃《うそ》いひやしませんよ。（『小公子』第二回）

それまでの教養が邪魔をして、どうしても言文一致体を受け入れることのできなかった大人たちをしりめに、いつの日にか、新しい世代の子供たちは、まるで空気のようにこの文体を呼吸するようになるだろう。若松賤子が、こうもやすやすと口語訳に踏みきれたのは、まさしく、過去のしがらみに煩《わずら》わされることのない児童文学の強みがあったからにほかならない。やがて、こうした全体的な趨勢《すうせい》と、人々の感性の変化とのなかで、あの漢学の素養を捨てきれぬまま周密文体を追求していた森田思軒までが、とうとう口語訳に手を染めることになるのである。一般にはあまり知られていない小品だが、さすがに翻訳王、見事な言文一致体になっている。第二章で見た『クラウド』の訳文の正確さをそのままに、さらにこなれた日本語となっていることがお分かりいただけるだろうか。

一日が空《むな》しく過ぎた、毎日必ず尋ねて来た母の姿が見えない。次の日も亦《ま》た空しく過《た》つた、母の姿はやはり見えない。第三日の夜となった、今日もやつぱり母は来ない。此から二十四時間すれば、自分はモウ母に別れて此の村を去らねばならぬ、而《し》かも此の別れは恐らく永の訣《わか》れである。（ディケンズ「牢帰り」『家庭雑誌』明治二九（一八九六）年八月一〇日）

こうして、ようやく言文一致体が確立されたおかげで、私たちは、話すときにも書くときにも、ほぼ同じ言葉で表現することが可能になった。つまりは、日常会話に特徴的な感情表現も、書き言葉ならではの抽象思考も、ただ一つの言語によって表現できるようになったのである。またそうであればこそ、あの言文の二極分化によって卑近な「言」のなかに閉じこめられていたホンネと、尊大な「文」のなかに閉じこめられていたタテマエとが遊離することもなく、いわばホンネでタテマエを語れるような土壌もできたということになるだろう（実情は別として！）。「言」が思索するのも、

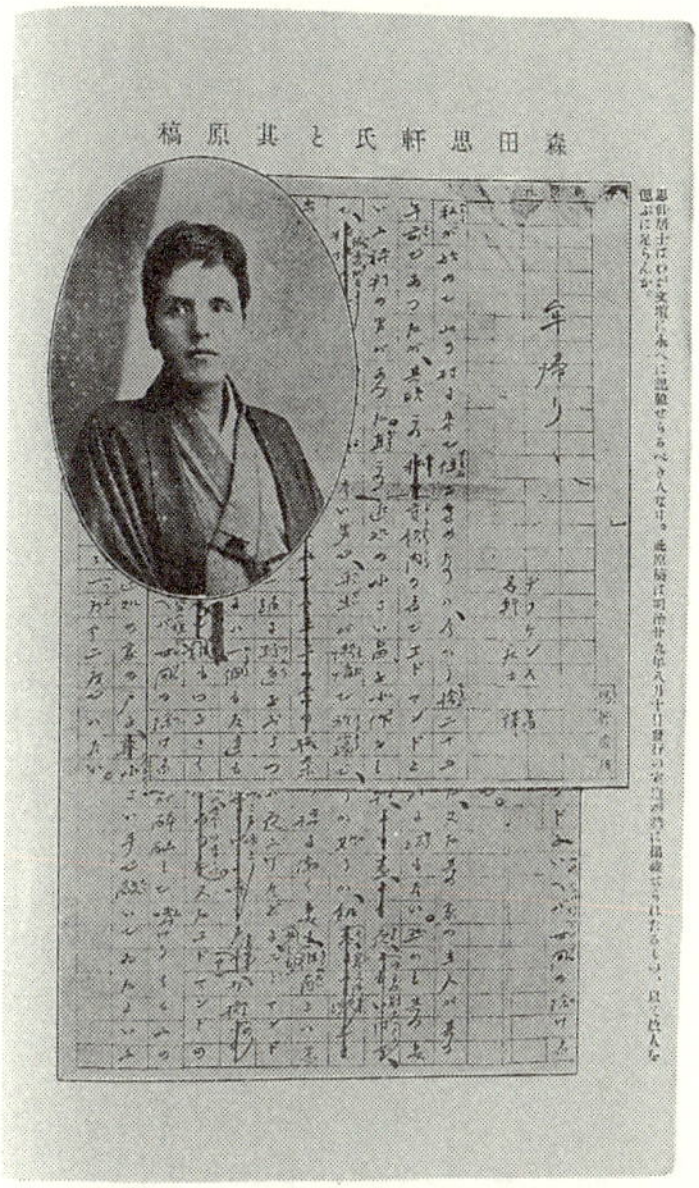

「牢帰り」原稿と森田思軒。雑誌『文章世界』明治39年5月号に掲載された（川戸道昭氏蔵）。

「文」が感情表現をするのも自由自在。つまるところ、こうした言語をもつことによって、私たちはようやく、文体ごとに寸断された身体を去り、たった一つの自分自身の「思考の身体」を手に入れることができたわけである。後に武者小路実篤は、まさしくこの文体を、自分自身の皮膚に見たててこう書いている。

言文一致の運動は、彼にも筆をとる自由を与へた。彼は嘘のことを書かないでい、、又感じないことは書かないでい、、又皮膚のやうに内容とぴつたりした文章をかき得るやうになつたことを彼はよろこんだ。（『或る男』）

第四章

翻訳語の落とし穴

言霊が不幸をもたらす

1

洋風漢語の栄光と悲惨──思想語と「陳糞漢語」

漱石の奇妙な覚え書き

前章で見たように、言文一致体は明治三〇年代の後半あたりから、そろそろ人々の間で市民権を得るようになってきた。そしてまた第二章で引用したように、三八年（一九〇五）にもなると夏目漱石は、もはや申しぶんのない今日的な文体で『吾輩は猫である』を書いていたはずである。それにもかかわらず、この漱石が書き残した四〇年代の覚え書きを眺めてみると、なんとも奇妙な、以下のような文章が目にとまる。

俗人ハ causality ハ independent ニ exist シテ居ルト思フ（断片四三A、明治四〇年頃）

他の ism ヲ排スルハ life ノ diversity ヲ unify セントスル智識慾カ、blind ナル passion ニモトヅク。（断片五二、四三年）

彼等一派ノ psychologist ノ云フ如ク feeling ハ conservative デ intellect ガ progressive ノ case ノミナラズ。（断片五三C、四三・四年頃）

law ハ nature ノ world ニ於ル如ク human world ヲ govern シテ居ル。（断片五三C）

いったい全体どうしたことか。これではまるで、現代の能天気なベンチャービジネスマンが、「わが社のコンセプトは、ITによるコンシューマーのグローバル化をイメージして、ワールドワイドなストラテジーのノウハウをデベロップすることです」などとやっているのと、ちっとも変わらないではないか。まさか漱石ともあろう者が、それほどイカレた言語感覚をもっていたはずはないだろうし、いくらイギリスかぶれであるとはいえ、自分自身のための創作ノートにこんなメモをするのは、ペダントリーが過ぎるだろう。もちろん、そんなことではない。その理由は、ちょうど同じ時期に語られた彼の談話「将来の文章」（明治四〇年、一九〇七）に、はっきりと示されているのである。

　近頃の文章では未だ充分に思想があらはされぬやうだ。将来はもつともつと容易《たやす》く現はす事が出来るやうにならなくてはいかぬ。

　私の頭は半分西洋で、半分は日本だ。そこで西洋の思想で考へた事がどうしても充分の日本語では書き現はされない。之れは日本語には単語が不足だし、説明法《エキスプレッション》も面白くないからだ、反対に日本の思想で考へた事は又充分西洋の語で書けない、それは私に西洋語の素養が足りないからである。

　兎《と》に角《かく》思想が西洋に接近して来れば夫《それ》に従つて、真似るのではないが日本でも自然西洋の程度に進まなければならぬ。即ち今日の文章よりも、もつと複雑な説明法《エキスプレッション》と広い言葉とが生れねば叶《かな》はぬ。今でも「何々かの如く」など翻訳的の方法が入つて来て居るものも沢山あるが、中々之れは便利である。

つまり漱石にとって、先ほどの英語で書いていた部分には、そこに入れるべき適当な日本語がなかったということになる。そんなことを言えば、読者の皆さんは、まさかと思われるにちがいないが、そう思うこと自体、私たちが日頃どれほど自分たちの使っている日本語を意識していないかということ、また、意識しなくても事が足りているかということを、如実《にょじつ》に物語るものであるだろう。それは飽食ボケした現代人が、たかだか六〇年ほど前の戦時下に飢えていた人々の生活を想像できなくなっているのと同じことなのだ。

ためしに、漱石が英語で書いた部分を現代の語彙に訳してみると、順に、「因果性」「独立」「存在」「主義」「人生」「多様性」「統一」「盲目」「情念」「心理学者」「感触」「保守的」「知性」「進歩的」「事例」「法（律）」「自然」「世界」「人間世界」「統治」ということになる。実を言えば、これらは、その大半が明治期につくられた新造語なのだ。今ではあたりまえの「人間」といった単語でも、当時は「ひと」「よのひと」という表現こそあれ、日本語のなかにはまったく存在していなかったのである。何とも驚くべきことではあるまいか。そのうえ、この「人間」、初期のころには「ひと」以上に、むしろ「よのなか」の意味で使われてもいたらしい。

「世界」だって同じこと。それまでは「よのなか」「天《あめ》が下《した》」などはあっても、「世界観」「世界経済」といった表現に合成できるほどの抽象性や観念性をもつ単語は、日本語のどこにも存在していなかったと言っていい。たしかに、「自然」などという言葉は「老子」の昔からあったものの、『太平記』を見ても、『枕草子』を見ても、はたまた西鶴あたりを探してみても、そのほとんどが「おのずと」とか「ひとりでに」とかいった意味あいでしかなかったようだ。これが幕末・明治になってようやく、人間を包みながらもそれと対立するような、まさしく西洋的「ネイチャー」の概念をおびてくるのである。

漱石が前記のような文章をしたためていたころ、こうした訳語には、すでに辞書にのせられていたものも少なくはないが、それでも、まだまだ一般に定着していたとは言いがたい。とりわけ、覚え書きのたぐいは、自分自身の「内言語」とでも言うべき親密な言葉で綴《つづ》るはずのものである。漱石にとっては、まだ語感もそなわっていないような生半可な訳語を使うよりも、むしろ原語のままで考える方が、はるかに容易であったにちがいない。彼の言うように、「日本語には単語が不足」していたのである。

福沢諭吉の「英語公用語論」批判

漱石のころですらこうである。いわんや幕末・維新をや、というわけで、まずは少しく時代をさかのぼってみると、まさに私たちは、あの黒船のペリーと並び称されるハリスの嘆きに出会うことになる。彼は、アメリカ合衆国の初代駐日公使としてわが国の状況をつぶさに見ていたが、安政四年（一八五七）の日記にこう書き残している。

私は現在日本の人人に経済学の初歩を教え、西洋における商業規則の運用に関する知識の教授に従っていると言ってもよい。これは想像以上の苦労がともなう。未だ新しくて、適当な言葉すらないような事柄について彼らに概念をあたえるだけでなく、それを聞いた通訳がそのオランダ語を知っていない始末なのだから。これがため、極めて簡単な概念を知らせるだけでも、往往にして数時間を要することがある。絶望して投げださないようにするには絶大な忍耐を必要とする。（『日本滞在記』坂田精一訳）

私事で恐縮だが、こんな文章を読むと、筆者もまた二十数年前にパリで生活し始めたころのことを思い出して共感する。今でこそ、漱石にも鷗外にも、『源氏物語』にも『正法眼蔵《しょうぼうげんぞう》』にもフランス語訳があって、「もののあわれ」であろうが「則天去私」であろうが、それなりに、フランスの友人たちに説明することもむずかしくはない。だが、まったくもってあのころは……などというのは、しかしながらハリスの苦労にくらべれば、どれほどのことでもないだろう。いや、そのハリスですら、まだしも経済学を教えるのに苦労している程度だが、もっと抽象的な分野や、特殊西洋的な分野ともなれば、「彼らに概念をあたえる」ことをあきらめる者がいたとしても、何の不思議もありはしない。

そうしたところからは、たとえば、日本語を捨てて英語を国語にしようなどと主張する森有礼《ありのり》のような人物が登場する。あるいはまた、高等教育は西洋語でおこなって、学術用語や抽象語はそれらの言語にゆだねてしまえばいいとする連中もあらわれてくるだろう。実際、それはかなり多くの新興国に見られた現象であり、結果的にこの方式を採り入れたところでは、自分たちのアイデンティティを失ってしまったり、西洋語を学ぶ一握りのエリートたちが国を動かすことになってしまったり、それはまたそれで、別の苦労を背負いこむことになっている。

幸いにしてわが国は、未開ではなく異文化を生きてきただけである。抽象思考にしても、スタイルこそ違え、漢学をつうじてきわめて高度なところに達していた。そうした教養をしっかりと身につけた人々は、この言語的大変動も、まずは「造語」と「翻訳」をもってなんとか切り抜けられるだろうと自信を抱いていたにちがいない。たとえば、福沢諭吉は『学問のすゝめ』のなかで森有礼を「書生」呼ばわりして、痛烈な反論を加えている。

或は書生が日本の言語は不便利にして文章も演説も出来ぬゆへ、英語を使ひ英文を用るなぞと、取るにも足らぬ馬鹿を云ふ者あり。按ずるに此書生は日本に生れて未だ十分に日本語を用ひたることなき男ならん。国の言葉は其国に事物の繁多なる割合に従て次第に増加し、豪《ごう》も不自由なき筈のものなり。（一七編）

このくだり、臆面もなく「英語第二公用語論」などをとなえた先頃の「書生」宰相にこそ聞かせてやりたいものだが、それはともかく、言語学的に見るかぎり、福沢の立場は一〇〇パーセント正しいと言っていい。どんな言語も当の文化の必要に応じて語彙を発達させているのだから、新しい局面には、それに見合った言葉を考案すればいいだけのことである。つまり、自分自身の「思考の身体」さえ決まっていれば、それに付随して手足のようにはたらく言葉など、それなりに増強すればよろしかろう。そんなわけで、わが日本語は、新しい「概念」をになう言葉を、このころから急ピッチで造りあげねばならなくなっていた。

洋風漢語の考案

ちなみに、その間の事情を知るためには、もってこいの資料がある。あのヘボン式ローマ字の考案者として知られるヘボンことJ・C・ヘップバーンが慶応三年（一八六七）に公刊した『和英語林集成』だ。これはわが国初の和英辞典であり、やがて明治一九年（一八八六）には、大幅に改訂されて第三版が出るのだが、実にこの二〇年ほどの間に、収録語彙数は一万四八九六語ふえているのである。初版には不備による未収録分野があったと推定してみても、この間に増加した日本語の語彙は、ざっと一万強。どれほど急速に新語が造られたか、およそ見当がつこうというものだ。

これら新造語のほとんどは二字の漢語になっているが、もちろんそれは、漢字の抽象化能力と造語力とに依拠している。たとえば「山」という漢字は、現実のあれこれの山をあらわすとともに、

「事件の山」といった、「盛り上がり」一般をあらわすきわめて抽象的なエレメントにもなるだろう。こうしたエレメントを二つ以上組み合わせることによって、私たちは、おびただしい数の新概念を造り出すことができる。そのうえ、それらの漢語を連ねては、好きなだけ意味を付加することもできるのである。全日本大学教育振興検討委員会関東支部付属言語教育部会議長決定通知受領……等々。

こうした漢字の力を利用して、わが先達たちは西洋語に見合う訳語を、さまざまな方法で考案した。①まずは、おおむね対応する現行の日本語で置きかえる（citizen→町人）。②適当な訳語が見つからないときには、古い典拠から探してくる（deduction→演繹《えんえき》法〔『中庸』序より〕）。③あるいは、過去に用いられた語を変形して造り出す（economy→経済〔「経世済民」を省略〕、change→変化〔「変化《へんげ》」の読みを変更〕）。④さもなければ、同時代の中国語訳から借用する（protection→保護）。当時、中国は西洋とのつきあいには一日の長があり、すでに何冊もの欧華辞書をもっていた。⑤さらには、漢字の音のみ、あるいは意味のみを使用する（coffee→珈琲、beer→麦酒）。⑥それでもなお適訳の見つからないときには、自力で造語することになったのである（哲学、神経、地球、陸軍、郵便、等々）。

もちろん、このような訳語ができたとしても、それらが定訳となり、世間に流通するまでには、かなりの淘汰がおこなわれねばならず、しばらくは訳語の無秩序状態が続くのも仕方がない。たとえば、今では「社会」と訳して何の違和感もない（かに見える）society などにも、明治の初期には、三〇近い訳語がひしめきあっていたのだった（会、公会、会社、仲間会社、衆民会合、社、結社、社友、社交、社人、社中、公社、交際、世交、人間、人間道徳、人間交際、人倫交際、仲間、組、連衆、合同、世俗、世間、世態、国、人民、国民、政府）。

あるいはまた、当初「新聞」は「ニュース」のこと、「新聞紙」は「ニュースペーパー」のことと使い分けられていたし、「注射」もまた「日ハ書物の上に注げども文字の上には注射せず」（須藤光暉《みつてる》『新粧之佳人』明治二〇年、一八八七）といった意味で使われてもいた。そればかりではない。「感慨する」「熱心する」「矛盾な」といったおかしな言いまわしもなされたし、「絶滅」が「滅絶」、「簡単」が「単簡」、「秘密」が「密秘」と転倒することもあったようだ。「石油」が「石炭油」、「洋服」が「西洋服」と、その本来の形で用いられていたのは言うまでもあるまい。

やがて主な名詞ができ上がると、必要に応じて「する」をつけ、サ行変格活用の動詞をつくったり、「的」「状」(tic, ic)、「性」(ity)、「主義」(ism)、「化」(ize)などをそえて、さらに一連の品詞や観念語を整備していった（「象徴する」「象徴的」「象徴性」「象徴主義」「象徴化」）。こうして、明治の先達たちのおかげで、次第に日本語は豊かな語彙をもち始め、いわば、言文一致体の「思考の身体」に、表現力に富んだ手足のような単語が接《つ》ぎ足されていったのである。

日常語と新造語の乖離

ところがここに、一つの重要な問題がもちあがる。こうした数々の新造語をあみ出すことによって、わが同胞は、たしかに森有礼流の英語を国語に採用することからも、高等教育を西洋語にまかせて日本人内部に一握りのエリート層をつくることからも、ともに免れはしたものの、いわば日本語の内部に一種の階層をつくり出してしまったのである。あの二葉亭の『浮雲』のなかで、主人公の内海文三は、想いを寄せるお勢の口から出た目新しい日本語に狼狽《ろうばい》する。


「アラお世辞じゃア有りませんよ、真実《ほんたう》ですよ。」

「真実《ほんたう》なら尚《(な)》ほ嬉しいが、しかし私にゃア貴嬢《あなた》と親友の交際は到底出来ない。」

「……」

「親より大切な者……親より……大切な……者……親より大切な者は私にも有りますワ。」

文三はうな垂れた頸《(くび)》を振揚《(ふりあ)》げて
「エ、貴嬢《あなた》にも有りますと。」

「ハア有りますワ。」

「誰《だ》……誰れが。」

「人ぢゃアないの、アノ真理。」

ト文三は慄然《ぶるぶる》と胴震《どうぶるひ》をして唇を喰ひしめた侭《まま》暫《(しば)》らく無言《だんまり》

たしかにこの「真理」、そこから何行か前にある「真実《ほんたう》」にくらべると、格別な響きをもっていよう。新造語はただでさえよそよそしいものであるうえに、多くはそれまでの日本語になかった抽象語や学術語からなっている。原語のtruthが分かるような知識人ならばいざしらず、一般庶民は、ただぶるぶると胴震いするしか仕方がなかったにちがいない。現代ですら「哲学」「概念」「理性」「範疇《はんちゅう》」などの言葉を、はたして私たちは本当に理解しているのだろうか。

たとえば、フランス語で「概念」にあたるconceptを考えてみれば、それはまず、動詞concevoirを連想させる。これは「思いつく」「着想する」というきわめて日常的な言葉であり、もともと「子を孕《はら》む」というところからきている。つまり、「アイデアを孕む」というところから「着想する」ということにもなるわけだ。そしてそれが名詞化するとconceptionとなって「着想」「思いつき」「妊娠」をあらわし、さらに抽象的な意味も生じて「理解」「観念」などをも指すようになってくる。問題のconceptもこの一連のヴァリエーションのなかにあって、もう少し抽象度を増すとでも言うか、思考への傾きをもって「概念」「分別」といった意味をあらわしているわけである。したがって、フランスの子供たちはこうしたゆるやかな意味連続のおかげで、かなり早い時期からこのconceptを使い、体内に血肉化してしまっていると言っていい。

だが、私たちの「概念」はどうだろう。子供はおろか、大学生たちでさえほとんど正確な意味規定はできないし、奥様方の井戸端会議でも、ついぞ耳にしない言葉である。つまり、日常語との間にまったく関係をもたないよそよそしい言葉になってしまっているのである。こうした問題については、すでに早くから、和辻哲郎がはっきりと見抜いていた。

NHKブックス 愛読者カード

ご購読ありがとうございました。ご記入の上ご投函くださいますようお願いいたします。

今後の出版企画の参考にいたします。また、当社の出版情報をお送りする場合があります。

・ 本書の発行を何でお知りになりましたか
1 書店で　2 新聞広告（　　　　）　3 雑誌広告（　　　　）
4 新聞の書評・記事（　　　　）　5 雑誌の書評・記事（　　　　）
6「これから出る本」　7 人にすすめられて
8 当社出版物の巻末自社広告・新刊案内　9 当社ホームページで
10 その他（　　　　）

・ ご購入の動機をおきかせください
1 書名に興味を持ったから　2 関心のあるテーマだから
3 著者が好きだから　4 その他（　　　　）

・ 今までにNHKブックスをお読みになったことはありますか
1 ある（　　冊程度）　2 ない（今回初めて読んだ）

・ 本書の内容、難易、定価などについてご意見・ご感想をお聞かせ下さい

・ 今後どのような本をお読みになりたいですか（テーマ、著者など）

・ ご希望の方には当社図書目録をお送りします
1 送付を希望する　2 送付を希望しない

ご協力ありがとうございました。

郵　便　は　が　き

料金受取人払

渋谷局承認

7743

150-8790

037

差出有効期間
平成15年4月
30日まで
〔切手不要〕

（受取人）

東京都 渋谷区 宇田川町 41－1

日本放送出版協会

営業企画部 愛読者アンケート係行

・この本の書名 ＿＿＿＿＿＿＿＿＿＿＿＿

・お名前 ＿＿＿＿＿＿＿＿　・年齢 ＿＿＿ 歳　・性別（男・女）

・ご住所（〒　　－　　）・電話番号　（　　）

＿＿＿＿（都・道・府・県）＿＿＿＿＿＿＿＿

・eメールアドレス ＿＿＿＿＿＿＿＿＿＿＿＿

・ご職業

1 会社員・公務員・団体職員など　2 教職（幼・小・中・高・高専・専門・短大・大）　3 自営（製造・商工・サービス）　4 農林水産　5 専門職（　　　）　6 学生（中・高・高専・専門・短大・大・大院）　7 主婦　8 パート　9 無職　10 その他

・ご購読新聞名 ＿＿＿＿＿＿　・ご購読雑誌名 ＿＿＿＿＿＿

漢語で以て翻訳語を作つた事。学問的用語として日常語と独立する。日常語は大体として取残されてゐる。これらの翻訳語は、漢語としての伝統の無意シキ的な destruktion〔……〕かくてこれらの翻訳語は、外形に於て漢語でありつゝ、内容に於て一定の意味に限定せられたヨーロッパ語である事が要求される。〔……〕かくの如き新造語は、たゞ外国語の一定の意味を指示するといふ役目をつとめてゐる丈であつて、その外国語自身の持つてゐる発展の力を含んでゐないと共に、又それ自身に発展する力も持つては居らぬ〔……〕右の如き翻訳語を造り、又それによつて書いてゐる人々は、自身この翻訳語によつて思索するのではない。原語を以て思索しているのである。（断片・メモ「日本語と哲学」一九二八頃）

これは、明治の新造語に対する本質的な問題提起となっている。まず、それらの言葉は日常語から遊離してしまい、ともすると「概念」のような雲の上の存在になってしまう。一方で、新造語にその地位を奪われた日常語は、あのフランス語 concevoir が見せたような、それ自体で次第に抽象化してゆく可能性を断たれてしまうことにもなるだろう。和語が漢語によって成長する力を奪われていったのと同じような現象が、ここでもまたくり返されることになるわけだ。そのうえ、新造語は漢語の伝統からも逸脱している。したがって、「概念」などの原義を漢語の伝統のなかで探ろうとしても無駄であり、「概」「念」それぞれのエレメントをあれこれ詮索してみても、さほど役立ちそうにはない。なにしろ新造漢語も、実は中身はヨーロッパ語なのであり、結局は、ヨーロッパ語のコンテクストを知らなければ充分には理解できないものだからである。

「因循」芸者と「霹靂」先生

つまるところ新造語は、一知半解のまま敬して遠ざけられるたぐいのものとなっていた。しかしまた、そうであればこそ、違和感と興味、嫌悪と魅惑とが交錯するなかで、これらの言葉は明治人たちの両面価値的《アンビヴァレント》な感情を、はげしく掻きたてたにちがいない。怖いものは見たい。高嶺《たかね》の花にはふれてみたい。結局、新造語は敬遠される以上に、好んで使われもしたのである。第一章で見たように、ただでさえ漢語はこけおどしの手段として珍重されていた。それがここにきて、西洋のエキゾティスムまでブレンドされてくる。ともすると俗物趣味に走りがちなわが同胞には、格好の「襟飾り」になっただろう。

そんなわけで、文明開化や西洋化は、一見したところそれとは正反対とも思われるような、漢語オンパレードの観を呈することになってくる。すでに明治の初めには、もう漢語氾濫の兆候があらわれており、時の『都鄙《とひ》新聞』（明治元年、一八六八）には、それを諷刺する記事さえ載せられていた。

此頃、鴨東《おうとう》ノ芸妓《げいぎ》少女ニ至ルマデ漢語ヲツカフコトヲ好ミ、霧雨ニ盆地ノ金魚ガ脱走シ火鉢

ガ因循《いんじゅん》シテヰルナド何ノワキマヘモナクイヒ合フコトトナレリ（第一号）

この頃、大政一新せる日本帝国の布令多くは支那の語を行ふが故に、民間読む者甚だ少く、読んでその意を解せざるもの、十人に八九なりといふ（第二号）

鴨東、すなわち京都は鴨川以東の芸妓までが付け焼刃の漢語を使いたがり、お上は、庶民が理解するかどうかにはおかまいなく珍聞漢文《チンプンカンプン》のお触れを出す。人々はこれを称して「陳糞漢語《ちんぷんかん》」と呼んだらしい。まあ、こうした伝統は脈々と受けつがれ、今なお税務署や登記所の書式に生き続けているわけだが、さすがに、小学校の運動会で「本日は青天の霹靂《へきれき》にめぐまれ」とやって失笑を買った校長先生の逸話を聞けば、鴨東の芸妓もビックリというところだろう。それにしても、どうしてわが同胞は、いつの時代にもこうした一知半解の言葉をこれほどにも使いたがるのだろうか。それには実は、万葉の昔にまでさかのぼる深いわけが隠されているのである。ここで少し日本語の歴史をふり返っておこう。

2　日本語の歩みと「詞-辞」構造

「漢字かな交じり文」の成立過程

その昔、日本人は文字をもたなかった。やがて、四世紀ごろになると、朝鮮半島から漢字が伝わってくる。この文字は、音韻的にも文法的にも、大和言葉とはまったく異質の由来をもつわけだが、彼らはこれを換骨奪胎して自分たちの文字にしようとした。それについては、平田篤胤《あつたね》や大国隆正《おおくにたかまさ》のように異議をとなえ、わが国にはそれ以前から「神代文字」なるものがあったと主張する人々もいるけれど、まずは過去の改竄《かいざん》とみてよろしかろう。ただ、篤胤が『神字《かんな》日《ひ》文伝《ぶみでん》』に掲げている神代文字が、ハングルと実によく似ているのはおもしろい。

とにかく、わが祖先は、まずこの漢字の字音によって日本語を書きあらわすことを試みた。

余《よ》能《の》奈《な》可《か》波《は》牟《む》奈《な》之《し》伎《き》母《も》乃《の》等《と》志《し》流《る》等《と》伎《き》子《し》伊《い》与《よ》余《よ》麻《ま》須《す》万《ま》須《す》加《か》奈《な》之《し》可《か》利《り》家《け》理《り》（『万葉集』七九三）

これは大伴旅人が妻を亡くしたときの一首だが、それにしても、この迫りくる悲しみを一筆で綴るのに、こんなに字画の多い漢字ばかりでは、さぞかし旅人もはがゆい思いをしたことだろう。当然ながら万葉人は、漢字に「訓読み」をあたえ、意味をそのまま日本語に置きかえようと努力する。

たとえば、右の漢字の「波《は》」を「波《なみ》」、「母《も》」を「母《はは》」として使うわけである。

石激《いはばしる》　垂見之上乃《たるみのうえの》　左和良妣乃《さわらびの》　毛要出春尓《もえいづはるに》　成来鴨《なりにけるかも》（一四一八）

ご存じ志貴皇子《しきのみこ》の春めいた歌だが、ここでは、音と訓とが入り乱れているばかりでなく、訓読された文字がふたたび音としても使われている。「成来鴨」などは下手をすると「鴨さんいらっしゃい」ともなりかねない。それに、助詞・助動詞など、相変わらず全て漢字で書くのは大変だ。やがて「万葉がな」から「かな」が考案されるゆえんである。つまり、よく知られているように、「へん」や「つくり」からはカタカナが、漢字の全体をくずしてひらがなが、それぞれに生み出されることになる。

ひるがえって、読解の観点から眺めてみればどうなるか。まずはここに、「人走路」という中国語があるとしよう。当初、わが祖先は、これを中国語そのままに「レン・ヅアオ・ルー」と読んでいたにちがいない（もちろん当時の正確な読み方は分からない）。意味はといえば、「人」は「人」だが、「走」は「走る」ではなく「歩く」、「路」は「道」をあらわし、「人が道を歩く」ということになる。やがて、当然のように、彼らは訓読みを始めたことだろう。つまり、「人走路」を見て「人が走く《ある》路を《みち》」と読もうとする。もちろん「人走む《ひとあゆ》路を《みち》」と古風にすべきかもしれないが、考え方さえ分かればいいので、そのあたりのことははしょっておこう。

さて、そうすると、「ひとがあるくみちを」の傍点の部分が「人走路」に対して余分になっており、それがわが国で言う「テニヲハ」や「送りがな」であることがお分かりいただけるにちがいない。こうした部分こそが、中国語にはない大和言葉に特有のものなのだ。したがって、これをわが祖先たちは心覚えに「人走路」のかたわらに付加しておいた。また、「人走路」も日本語の語順からすれば「人路走」となるべきだから、「走」と「路」とをひっくり返して読むしるしをつけておきたい……等々。これが現在、私たちが学校でならう漢文の「返り点」や「送りがな」の起源である。こうして、次のような文章が登場する。

人ガ走クレ路ヲ

そこからは、やがていっそのこと、漢字の語順も入れかえ、添え書きのカタカナも本文の内に取り込めばいいのではないかということになってくる。さらに、ひらがな普及のあかつきには、音声表記法であるカタカナをこれに変え、漢字も「道」や「歩」といった日本風のものにする。そうして成立してきたのが、「和漢混交文」さらには「漢字かな交じり文」というもので、これが今日の日本語の基本スタイル「人が道を歩く」をつくり上げているのである。

膠着語としての日本語

さて、こうした「漢字かな交じり文」の成立過程をふり返ってみると、同時に、日本語の構造もとらえやすくなるだろう。中国語では「人」「走」「路」がそれぞれ孤立して置かれ、文法関係は語順によって示される。言語類型論ではこれを「孤立語」と呼んでいる。それに対して日本語は、こうした「人」「走」「路」などの概念本体をになう部分と、「テニヲハ」のような文法関係を受けもつ部分とに大きく分かれており、前者を後者が「膠《にかわ》」のようにつないでいる。「膠着語《こうちゃくご》」と呼ばれるゆえんである。現在の学校文法では、概念本体の部分を「自立語」、テニヲハの部分を「付属語」と呼んでいるわけだが、国文学では古くから、前者を「詞」、後者を「辞」と呼びならわしてきた。これを借用するならば、日本語は「詞 - 辞」構造をもっている、と、端的にそう言うことができるだろう。

こうなると、日本語の姿もさらにはっきり見えてくる。そう、「人走路」の例からもお分かりのように、「詞 - 辞」構造の「詞」の部分は中国語、「辞」の部分は大和言葉に由来しているということが明らかになってくるのである。この事実が意味することは重大だ。まず、日本語は根本的に二重構造になっているということ、また、日本語は本質的に翻訳語として発達してきたのだということ、これである。そこからすれば、「辞」は外来語を受けいれる鋳型《いがた》であり、「詞」は、その多くが出入り自由の外来語であることになるだろう。「詞」は外来語なのだから、少しばかり疎遠な言葉でも、一知半解のものでもかまわない。鋳型となるテニヲハさえ整っていれば、まがりなりにも日本語の体裁はつくろえるのである。

ここに至って、あの芸妓の「陳糞漢語」にも合点がいく。

霧雨ニ盆地ノ金魚ガ脱走シ火鉢ガ因循シテキル

いかがだろう。「詞」の部分は多少どうあれ、テニヲハだけがしっかりしていればいい。それならば、「脱走」や「因循」などの新造語を使って、ちょいとイイカッコもしてみようというわけだ。芸妓はそれなりに「詞」の守備範囲を誤らなかったが、「霹靂」先生はいささか羽目をはずしてしまったというだけのこと。お気の毒ではある。

テニヲハという翻訳装置

それにしても、わが日本人が万葉の昔から中国語という外国語を取りこもうとして作り上げてきた「詞 - 辞」構造とテニヲハの鋳型は、実に見事な翻訳装置となっている。これがやがてオランダ語に対しても、英語やその他の西洋語に対しても大いなる力を発揮し、おかげで、驚異的なスピードで外国の文物を採り入れることも可能となった。明治維新の成功も、その大半は、日本語の構造に負っていると言っても過言ではないだろう。

なにしろ「詞」の部分には、外国語、外来語、漢語、流行語、単なる指示語、何が入ってきてもかまわない。思い出してもみよう。漱石の英語も、鴨東の芸妓の陳糞漢語も、現代のベンチャービジネスマンのカタカナ言葉も、すべてはテニヲハの鋳型に依存しているのである。

law ハ nature ノ world ニ於ル如ク human world ヲ govern シテ居ル
霧雨ニ盆地ノ金魚ガ脱走シ火鉢ガ因循シテヰル
ワールドワイドなストラテジーのノウハウをデベロップする

筆者のようなインチキゲンチアも、ガングロのコギャルも、恍惚《こうこつ》の老人も例外ではない。

ドゥルーズのグルントはやっぱりディフェランシアシオンだよね
あのゲーセンにいるヤンキーなんて、チョー、ウザいじゃん
あのあれどうしたっけ、だれかがもってきたあれは

この日本語の柔軟性は世界にも冠たるものと思われるが、しかし、そこで忘れてならないのは、この構造の危うさだ。「詞」の部分に、これほど容易に異質な言語を取りこめるということは、同時に安易な取りこみ方もできるということではないか。いつだったか、テレビを見ていると、出演者の一人がこんな発言をした。「そう、それ最高。一番のベストよね。」「やっぱり国際的でインターナショナルな協力というものが大切です。」……ほとんど、フィーリングで語っていると言って

いい。つまり、テニヲハさえ整っていれば、どことなくそれらしい日本語となり、「詞」の部分に入った言葉が実際には一知半解のものであったとしても、いつのまにか分かったような気がしてしまうという弊害があるわけだ。

たとえば「スリルとサスペンスに満ちた物語」という表現がある。私たちは何となくドキドキハラハラの物語という程度に理解してしまうが、それでいいのだろうか。あるとき、ためしに某大学の教室で「このサスペンスという言葉を説明してください」とやってみたら、驚いたことに、ほとんど全員が降参した。仕方がないので、「ズボンやストッキングを留めておくものなーんだ」「サスペンダー」、「車がガタガタゆれないように車輪を軽く浮かせておくものなーんだ」「サスペンション」とやって、つまりは、宙吊りにしておくことがサスペンス、だから心を宙吊りにしてハラハラさせるのがサスペンスなんだね、と説明したものだった。

思考停止と「民主主義」

まあ、言葉の一知半解というのが、こんなレベルや「霹靂」先生のたぐいならばたいした罪もあるまいが、事が一国の元首の使う言葉や、社会的な理念にかかわるとなれば、笑ってばかりもいられない。愚策を重ねた政治家が「遺憾」というわけの分からぬ一言でお茶をにごしたり、「正義」と「民主主義」のための戦いが、その実、どこかの国の「覇権主義」のためにおこなわれていたり、そうした事態に遭遇したときには、中途半端な理解の仕方をゆるしてしまう日本語の新造語と「詞

—辞」構造の危うさが、見事に露呈してしまうのである。

その証拠に、「民主主義」などという言葉、私たちは耳にタコができるほど聞かされており、誰もが分かったような顔をしてくり返しているのだが、こんりんざいわが国では理解されていないもののように思われる。そもそも、民主主義なるものはギリシャにおけるデモスクラティアの昔から、意見の相反する人々の間で最終的な譲歩をかち取るために徹底的に話しあう精神から生まれたものと言っていい。時には口角泡をとばし、つかみかからんばかりになりながら、それでも最後の最後まで他者を理解しようとする行為である。

ところが、わが国ではどうだろう。「民主主義的に多数決で決めよう」とか「みんなで仲良く話しあいましょう」とかのスローガンによって、完璧な無理解のなかにからめとられているのである。多数決とは民主主義において最後に行使されるべき必要悪であるはずなのに、拙速はいたるところに見うけられる。「みんなで仲良く話しあいましょう」はほとんどの場合、「みんなで仲良く」が強調されるのであって「話しあい」はうとまれ、結局は、波風を立てるなということにしかすぎなくなる。これこそ、私たちが新造語の前で思考停止をしていながら、理解したような錯覚に陥っていることを示す、格好の例ではないだろうか。

先ほど、明治期に生まれた新造語は、ざっと一万と見積もっておいた。では、それらのうちの相当数に、この「民主主義」に対するのと同じような無理解がひそんでいたとしたらどうだろう。たしかに、たかが一万と見ることも可能である。なにしろ、ちょいとした国語辞典を取り上げてみても、ゆうに六万や七万の言葉は収録されているのだから。しかしながら、それらの言葉が使用される場所を考えてみるならば、やはりそう安心してはいられまい。たとえば、「言語の現象を客観的に観察すべきだ」と言ってみても、「社会問題を自由な精神で批判しよう」と言ってみても、はたまた、「会社経営への貴重な貢献には恩給がつく」と表現してみても、ここに使用された漢語は、すべて明治期の新造語となっている。つまり、今や私たちは、こうした語彙を使わないでは、日常の議論もなにもできたものではないのである。一般に、新語がその国の人々に本当の意味で受け入れられるようになるには、最低でも一世紀はかかるという。私たちは、自分たちの使っている思想語や抽象語が、まだまだ一人立ちできずにいることを肝に銘じておくべきだろう。

3　カセット効果——政治家が空言をくり返す理由

なぜ未知の言葉に惹きつけられるのか

ところで、こうした「詞-辞」構造による「詞」の部分のブラック・ボックス化とでも言うべき現象を、見事な表現で「カセット効果」と名づけた人物がいる。翻訳論の領域に一石を投じた柳父《やなぶ》章氏である。氏は、右のような「社会」「自由」「批判」「客観的」といった便利な一連の近代翻訳語が、他方では、私たちの思考を中途半端なままに停止させてしまうメカニズムを、まさしくこの表現によってえぐり出している。

　小さな宝石箱がある。中に宝石を入れることができる。どんな宝石でも入れることができる。が、できたばかりの宝石箱には、まだ何も入っていない。しかし、宝石箱は、外から見ると、それだけできれいで、魅力がある。その上に、何か入っていそうだ、きっと入っているだろう、という気持が、見る者を惹きつける。新しく造られたばかりのことばは、このカセットに似ている。（『翻訳とはなにか』）

たとえば、先ほどの『浮雲』の文三をぶるぶると胴震いさせた「真理」を例にあげてみてもいい。今ではこの言葉も、私たちにとってかなり近しくなってはいるが、やはりまだ「ほんとう」にくらべれば、どことなく馴染みがうすく、手持ちの言葉になりきっていないのではないか。それが証拠に、哲学などで「真理とは何ぞや」とやられると、いかにも高尚なもののように思われてくるし、そんなふうに問われるだけあって、まだまだ不透明な言葉であるところから抜けきってはいない。

ただし、こうした新造語も「詞」の部分に登場し、伝統的な日本文のなかで、れっきとした品詞と文法上の機能とをあたえられれば、完全に意味のある言葉のように位置づけられてしまうのである。つまり私たちは、こうした言葉を前にして、一知半解のまま分かったような気になるとともに、その言葉のカセット効果によって惹きつけられ、あいまいなままに使いたくなってしまうというわけだ。

新造語の姿を前にして、まずそれを眺め、漠然と感じ、そして意味をたずねていく。そこには、すでに知られている以上の意味があるだろうと予感されており、私たちは、その言葉をまずは丸ごと知ったような気になって、その後、徐々に慣れていくのである。ここで重要なのは、とりあえず言葉の論理的な意味内容ではない。柳父氏も言うように、問題となるのはまず外見である。そしてその外見の裏に感じとられるべきは、その言葉がもっていそうな一種の呪術力なのだ。「真理」「哲学」「概念」……これらを眺めていると、いつのまにかどれもこれもが、いかにも深遠なものを秘めていそうに感じられてくるではないか。

言葉が現実を隠蔽する

このような呪術力は、そのまま、わが国に古くから伝えられてきた言霊《ことだま》思想にも通じている。かつて万葉人はこう歌っていた。

磯城島《しきしま》の日本《やまと》の国は言霊の幸《さき》はふ国ぞ真幸《まさき》くありこそ（『万葉集』巻十三・三二五四）

（日本は言霊が幸いをもたらす国です。ご無事でおいでください。）

彼らによれば、言葉には不思議な力があり、ひとたび口に出して言われたことは、それ自身が独立した存在となって現実を左右するという。だからこそ、里に妻や子を残してきた男は「妹が門見む靡《なび》けこの山」（巻二・一三二）とか「角の里見む靡けこの山」（巻二・一三八）とか、言挙《ことあ》げする（言葉に出して言う）ことによって山をも動かしてみようとしたり、下って『古今集』の時代になっても、やまとうたは「ちからをもいれずして、あめつちをうごかし、めに見えぬ鬼神をも、あはれとおもはせ、おとこ女のなかをもやはらげ」たりするのである。

いや、昔の人々のたわいもない思いこみと笑うなかれ。現代の日本人だって、ちっともこうした心性から抜け出してはいないのだ。うそだと思うなら、考えてもいただきたい。読者の皆さんは、病院に見舞いに行くとき、鉢植えの花を持参できるだろうか。結婚式のお祝いに、料理バサミや包丁セットをプレゼントできるだろうか。鉢植えの花は「根つく」→「寝つく」で縁起が悪い。結婚式には「切れる」「戻る」などの言葉を連想するものはご法度《はっと》である。こうした諱《いみな》・忌み言葉をめぐっては、微に入り細を穿《うが》った体系が完備しているようだし、姓名判断で名前を変える人も少なくはない。

あるいはまた、悪徳政治家が床の間に「誠」などと書いた掛軸をぶらさげただけで、自分が真人間であるような幻想に陥っていることはないだろうか。あちらこちらで、公共料金の値上げを「料金改定」と言いかえてみたり、口先だけの「構造改革」が叫ばれていたりすることはないだろうか。そもそも、わが同胞は、とりわけ座右の銘や偉人の言葉を好むのではあるまいか。読者の皆さんは、わが国ほど標語やスローガンが街のいたるところに貼られたり、おせっかい放送が垂れ流されたりしているところは、世界広しといえども他のどこにもないことにお気づきだろうか。「とびだすな、子どもは急に止まれない」「青少年の健全育成」「核兵器廃絶宣言都市」「世界人類が平和でありますように」「あぶないですから白線の内側までおさがり下さい」「五時になりました。よい子のみなさん、お家に帰りましょう」……等等等。

まあ、まじめな話、これらすべては、言霊思想と考えずにはどうにも説明がつかないことなのだ。蜀山人のように「歌よみは下手こそよけれ天地の動きだしてはたまるものかは」とでも言って茶化していればいいようなものだが、こうした言霊が本当にいらぬ霊力を発揮して現実を隠蔽《いんぺい》するようになっては、それこそ、たまったものではないだろう。事実、今次大戦間になされた大本営発表では、そんなことが起こってしまったのである。そこで参謀たちは、侵略を「進出」、退却を「転進」、全滅を「玉砕《ぎょくさい》」とすりかえることによって現実を直視せず、おかげで正確な戦況をつかみそこねて敗戦の憂き目にあった。ここに教訓を見ることのなかった新政府もまた、敗戦を「終戦」、占領軍を「進駐軍」、軍隊を「自衛隊」と呼びかえながら、現在に禍根《かこん》を残しているわけだ。今日の政治家にしたところで、あいも変わらず「断固たる」「不退転の決意」で「粛々と事をおこない」、「清廉潔白」を掲げながら悪事が発覚して「忸怩《じくじ》」たる思いで「遺憾の意」を表しているのである。

新造語のカセット効果が言霊思想と結びつき、現実を隠蔽する。それを大本営発表にまでひっかけて論じてみれば、なんとも、とりとめのない話のように思われるかもしれないが、そうではない。

言葉によってごまかし、現実を直視しなければどうなるか。私たちはもう一つ、教訓的なエピソードを思い出しておくべきだろう。

まさに大本営発表がなされていたころ、わが国では、英語は「鬼畜米英」の使う「敵性語」として排撃され、そんなものを読んだり話したりする輩には「非国民」というレッテルが貼られていた。野球でも「ストライク」「ボール」などと言ってはならず、「よし」「だめ」などとやっていたのである。もちろん、米英に関する書物は焚書《ふんしょ》にあい、敵国の実情を知ることはできなくなる。

これに対して、同じころのアメリカではどうだったか。ルース・ベネディクトをはじめとする大勢の人類学者たちが集められ、日本人・日系人キャンプに送りこまれて、日本文化や日本人のメンタリティについての聴きとり調査が大々的におこなわれた。彼らにしたところで、肉親の命を奪う日本人は「ジャップ」でも「鬼畜」でもあっただろうが、それにもかかわらず、彼らは徹底して日本語を駆使し、日本を理解しようとした。この時の成果があの『菊と刀』である。かたや、見たくないものは見ない。こなた、見たくないからこそ直視する。こうした両国の間で、結局、勝利は後者の方に輝いた。たしかに、物量の差が勝敗を決したとはいえ、なによりもまず、言葉によって現実を隠蔽しようとする国などに、とうてい勝目はなかったのだろう。

第五章

「蠱惑的」から「分析的」へ

精密化する日本語

I　身体感覚的な日本語——オノマトペから「トカタリ言葉」まで

森有正の日本語・日本人論

これまで見てきたように、明治期に日本語は、基本的な文体を模索し、口と手とを一致させ、まがりなりにも「思考の身体」を手に入れた。そこに接木された手足とも言うべき新造語は、思いがけない陥穽《かんせい》を秘めてはいるものの、それでも、具体から抽象、日常から学術までのあらゆることがらを表現できるレベルにまで達するようになっている。だが、日本語はなお、身体感覚的なところにとどまっていて、その全身を用いる巧みな表現法を会得するにはいたっていないのではないか。この章では、そのあたりのことを考えてみることにしよう。

読者の皆さんはご存知だろうか。福沢諭吉に「書生」呼ばわりされた森有礼の孫に、その名もよく似た森有正《ありまさ》という人物がいたことを。彼は、永年にわたってパリに住み、東洋語学校《ラングゾー》で日本語を教え、パイプオルガンをひき、言葉と経験とのはざまで思索を重ねていた。私たちの学生時代、森はフランスの香を放つ数々の思想書を著わして一世を風靡《ふうび》し、当時の仏文学徒にとっては、まさに一個の偶像ですらあったのだ。

この彼が、一九七二年に「『ことば』について」という小論を発表し、それが私にとっては、長いあいだ気にかかるものとなっていた。と言っても、その後ずっと気にしていたわけではなく、やがて、八九年になってから精神分析学者・佐々木孝次氏が『蠱物《まじもの》としての言葉』でこの一文について触れられ、それをちょうど書評する機会にめぐまれたおかげで、私の内には、この気がかりの伏流水がとつぜん湧き上がってきたのだった。佐々木氏もまたこの小論には、かなりのこだわりをもっていたらしい。

私が蠱物（まじもの）という奇妙な言葉を持ちだしたきっかけは、森有正氏が今から十数年前に『文藝』誌上に書かれた「『ことば』について」という文章に接したことであった。氏はそのなかで、文字通り蠱物という言葉を使っているわけではないが、ひとことで、言葉とものとの接触の様態が、ヨーロッパ語では「判断的」であるのに対し、日本語では「蠱惑《こわく》的」であると述べられていた。氏にとって、この場合、言葉と経験は同じ内容をもっているので、「蠱惑的」とは日本人がものと接触するさいの特徴をそのまま表していると受けとれるのである。

そうなのだ。ずっと私の気にかかっていたのも、実はこの「蠱惑的」と「判断的」という表現であった。それが「日本的」と「西欧的」というものにそれぞれ符合しているとは、いったいどういうことなのか、森の文章に出会ったとき、まだ一度も日本を離れたことのなかった私にとっては、どうにも実感できないことがらだったのである。

やがてその後、私も私なりに幾度かパリに住み、多少のカルチャーギャップを経て、時に祖国への違和感をもいだく「在日日本人」となってみると、森有正の口癖であった「経験」というものも、「蠱惑的」「判断的」という意味も、どことなく理解できるようにはなってきた。佐々木氏の書と出会い、このあたりのことを思い起こす機会があたえられたのは、まさにそうした時だったように記憶する。森の指摘は相変わらず示唆的であった。少し長くはなるが引用してみよう。

　ところで経験はものとの「接触」によって開始されるのであるが、この「接触」の《インパクト》が日本語では「語」的であるのに対して、ヨーロッパ語では「文章」的である、というはっきりした感想を私はもっている。〔……〕

「語」が経験の主要な要素を構成しているとすると、それは或る意味で、「接触」が直接的であることを意味する。それ故に、それは感覚的であり、あるいは欲望的、あるいは嫌悪的であって、その様態は「蠱惑的」である。それに対して、ヨーロッパ語では、すなわち文章の形をとる接触では、それは間接的であり、その様態は「判断的」である。そこでは「接触」がやがて文章のかたちに明確化されるであろうようなものにおいて行われる。あるいは主体面においては一つの文章に明確化しうる拡がりを介して、あるいはそこにおいて行われる。ところで、この場合、接触点は一定の拡がりをもち、その拡がりは主体面における拡がりなのであるから、接触を起すものは、相対的に縮小され、接触の中の一要素となり、その残りの領域に主体が侵入して来る。そして対象を包む、すなわち「判断」が成立する。前者を「単語的」接触と呼ぶとすると、後者は「命題的」接触と呼べるであろう。ところで命題は、主体がそれを樹てるのであるから、そしてその性質上、肯定、否定、疑問、懐疑、推測、等の可能性をも同時に含むものであるから、そこにはじめから一種の精神的拡がり、つまり明確化の道程においてやがて「自由」として意識されるに到るようなものが、すでにそこにある。であるから、或る意味でそれは理性的であり、意志的である。〔……〕

日本語における接触の直接性においては、こういう「自由」は不可能である。対象と主体とは「語」という一点において直接的に接触し、主客合一的事態を出現させる。文章的要素が殆ど不可避に介入するとしても、その文章は箇《こ》としての対象に修飾的に従属させられた文章であって、この副文章の根拠は主体の側ではなく、対象の側にある。それは、主体をではなく対象を補強するものである。それ故、この感覚的接触には蠱惑が続くのである。

あまり単純化してしまってもいけないのだが、哲学的思索の方はひとまずおき、日本語の「単語的」接触というものを分かりやすく解釈してみよう。たとえば私たちは、二人称で「きみ」と言い、「あなた」と言い、「おまえ」と言う。そこでは、まず、この「単語」の前に立ち止まらねばならない。『おまえ』とはなんだ『おまえ』とは」といったトラブルが、すでにこのレベルで待ちうけているのである。つぎに、もう少し進んで「あなたはまちがっている」と言うとする。今度は『まちがっている』とはなんだ。ケンカでも売るつもりか」ということになる。つまり日本語では、いつもそこで使われる「単語的」なレベルでの語感が取り沙汰されて、命題的な内容には目が向けられにくいのだ。

これに対し、ヨーロッパ語の You are wrong や Vous avez tort（ともに「あなたはまちがっている」）のような表現では、多少ぶしつけな響きもあるけれど、人はそこにこだわるよりもまず、相手の正当性をめぐる「命題的」な判断に注目する。好悪よりも前に、成否・善悪が論じられることになるのである。まさに、「判断的」なヨーロッパ語にくらべて、日本語が「感覚的」「欲望的」「嫌悪的」、そして単語の手ざわりに惑わされるという意味で「蠱惑的」とされるゆえんであるだろう。

おそらく、こうした「蠱惑的」観点からすれば、あの「退却」を「転進」と言いかえる言霊《ことだま》思想にも納得がいく。そこでは現実を「命題的」に理解するのではなく、何よりもまず「退却」という言葉に、「嫌悪的」な感情がはたらいてしまうわけである。嫌なものは見ない。嫌なものは言いかえる。そんな好悪優先の言語感覚はまた、わが国を、世界にも比類のない侮蔑語・差別語大国とし、反面ではその贖罪《しょくざい》の念からか、常軌を逸した差別用語狩りにも駆りたてる。そして、「めくら縞」「めくら判」「片手落ち」は使っていいのか悪いのか、と、実りのない議論がとめどなく続いてゆく……。結局、賛否いずれの立場でも、こうした言葉を命題のなかの一要素としてとらえる力にとぼしく、きわめて直接的な単語的接触からくる好悪の感情で事を決するために、たがいに譲歩のしようがないのだろう。だとすれば、言葉を明確にしてトラブルをひき起こすよりは、いっそ婉曲にぼかして表現した方がいいということにもなってくる。こうして日本人の伝統的なあいまい表現がくり返され、それが現代の若者の「トカタリ言葉」「ナンカポイ語」（例：「愛してるトカ言ってみタリして、ナンカうそっポイよね。」）にまで継承されてくるのである。

暴走族、長野まゆみ、酒鬼薔薇聖斗——漢字のエキゾティスム

なぜこんなことになってしまうのか、と考えるとき、私たちは、前章で論じた日本語の「詞－辞」構造を思い出してみる必要があるだろう。この構造は外国語を換骨奪胎して日本語にしてしまう巧みな装置であった。そして「詞」の部分には、どんな外来語や新語でも、やすやすと出入りできる仕掛けになっていた。つまりである。私たちの祖先は、この「詞」の部分に目新しい単語を取り込んでは、その語の顔色をうかがい、まずは「感覚的接触」をおこなって「欲望的」「嫌悪的」な交わりをむすんできたと言うことができる。この方式が万葉の昔からくり返されてきたとしたら、それが習い性になったとて何の不思議があるだろうか。

私たちは外部指向的である。それは、私たちが「詞」の部分に、いつも言葉が外部から採りこまれるのを待ちうけてきたからだ。私たちは「命題的」ではなく「単語的」である。それはほとんどの場合、「詞」の部分に入るのが単語であるからだ。私たちは判断よりも好悪を中心に考える。それは、新語が既成のモノとしてあたえられ、それとの出会いがまずは感性的なレベルで始まるからなのだ。私たちは言葉をフィーリング的にとらえがちである。それは、「詞－辞」構造によるカセ

ット効果のためなのだ……云々。

そのうえ、何にもまして、私たちの最初に出会った文字が、漢字というきわめて「相貌的」なものであったことは、動かしがたい原体験となっていよう。先にあげた悪徳政治家の床の間を飾る掛軸ではないけれど、「誠」だの「心」だの、達筆で黒々と書かれた漢字を見ると、これにはいかにも表情があり存在感がある。誠意や真心など、本来見えるはずのないものが、いつのまにか漢字に体現し、さまざまな相貌をもって私たちの前にあらわれてくるのである。「癌《がん》」という病気はいかにも怖そうで、タンクローリーにとりつけられた「危」のプレートもやはり危なそうではないか。「顰蹙《ひんしゅく》」はまさしくしかめっ面らしく、「陰鬱」はどうにも重苦しい。「百鬼夜行《ひゃっきやこう》」や「魑魅魍魎《ちみもうりょう》」とくれば、まるで妖怪の行列さながらであるだろう。

少しばかり脱線にはなるが、「百鬼夜行」や「魑魅魍魎」とくれば、現代では暴走族の旗印にもなっている。彼らは「毘沙門天《びしゃもんてん》」「神出麗羅《シンデレラ》」「魅孵美人《みかえりびじん》」などのグループ名をつけ、「夜露死苦《よろしく》」「愛裸舞優《アイラヴユー》」の落書をし、「鏖《みなごろし》」などという難字のきわみを用いたり、さらには「走」偏《へん》に「嵐」の旁《つくり》をつけて「ブリザード」という文字を造ってみたりして、知る人ぞ知る、なかなかの漢字使いなのである。彼らの漢字使用の法則は三つ。まずは、字音による万葉がなのように、できるだけ一字一音とする。つぎに、なるべく字画の多いものを使う。そして、「死」「苦」「烈」「怒」「魔」などをちりばめる。学校からドロップアウトして、落ちこぼれを謳歌する彼らが、なぜこういう挙動に走るのか、考えてみればおもしろい。

あるいはまた、国語の授業などまっぴらという現代の若者たちが、どういうわけか古風で難解な漢字にうつつをぬかす現象も目だっている。たとえば、長野まゆみの『少女アリス』、京極《きょうごく》夏彦の『魍魎の匣《はこ》』、清涼院流水《せいりゅういんりゅうすい》（清涼飲料水！）の『コズミック』などの小説がよく売れるのは、それをはっきりと裏書きしていよう。筆者も読者もきわめて若いのに、なぜかやたらとデコボコした字面を喜ぶのである。

烏瓜は夕闇の橙ろ曹達水の透明を併わせ持った玻璃細工になる（長野まゆみ）
木場の体格は頑健で、容貌は魁偉だった（京極夏彦）
滴は密室卿の頬に接吻するとそのまま滑り落ちた（清涼院流水）

実を言えば、これらは、ほとんど総ルビになっているところがミソであり、漢字力のない若い読者にもたやすく読めるように工夫されている。だとすると、結局こうした漢字は飾りにすぎず、一種の相貌によって雰囲気をただよわせる小道具でしかないことになるわけだ。それが証拠に、これら作品では「時代もの」「妖怪もの」「猟奇もの」がかなりのウエイトを占めている。その意味では、あの猟奇犯罪をおかした少年Aが「酒鬼薔薇聖斗」を名のり、「バモイドオキ神」なる神モドキを創造したのも、どことなく似たような感性によるのだろう。そこにあるのは、つまるところ、ゴツゴツした漢字への好みであり、難解さへのあこがれであるとともに、漢字に感じる一種のエキゾテ

バックストリート・ボーイズのA. J。右手には「危違熊」のタトゥー。(PHOTO : MB Charles/RENTA/ORION PRESS)

ィスムにほかならない。

こうした漢字との接し方の典型は、欧米の若者たちのあいだで流行っている漢字をプリントしたTシャツであり、ラップ・スターやバスケットボール選手たちが腕にほどこす漢字刺青《タトゥー》である。胸に「不良少女」と書いた女性たちが、アメリカの西海岸を闊歩《かっぽ》する。女優アンジェリーナ・ジョリーが「死」の文字のタトゥーで人気を得る。バックストリート・ボーイズのA・Jが腕に「危違熊」と彫って悦に入る。だれに質問してみても、返ってくる答は変わらない——「意味の分からないところがいいんだ」。

今なお、漢字の相貌は人々に「蠱惑的」にはたらきかけているのである。

オノマトペのユートピア

このように、漢字は日本人の「単語的」接触を助長する。だが、そればかりではない。「詞」の部分に入ってくる漢字の表情は、「辞」によって、さらに強調されることにもなるのである。すでに日本語の歴史から浮かび上がってきたように、テニヲハの部分はすぐれて大和言葉的なものであった。「詞」には、いつも見なれぬ新語が出入りするが、「辞」は、もとより自在にはたらく骨格にも似た存在だ。いきおい、この部分は、「詞」に対してニュアンスに富んだ色づけをするようになってくる。それも、時として一知半解のままにである。「民主主義は」「民主主義が」などの単純な表現はいいとして、ともすると「辞」は、「民主主義なんか」「民主主義こそは」といった、ひどく感情的なバイアスをもかけてしまう。森有正のいう日本語の「蠱惑的」特性は、ここにきて、漢字の相貌性とテニヲハの感情性とによって、いっそう強調されることになるのである。

そのうえ日本語には、厖大《ぼうだい》な数の「オノマトペ」、すなわち「擬音語」「擬声語」「擬態語」があって、後述するように、それらが風景さえも身体感覚的なものに変えてしまい、私たちをさらに感情的・感覚的な方向に傾ける。それにしても、どうして日本語にはこれほどオノマトペが多いのだろうか。

先にもふれたように、日本語は、かつて大陸から漢字文化がおしよせて以来、抽象語や思想語はおろか、「詞」のかなりの部分を漢語にゆだね、和語の内部ではその方面への成長を止めてしまった。たとえば「なみ」というものを考えてみよう。この和語はかなり広い守備範囲をもつ言葉だが、ここに中国から、さまざまな「なみ」のヴァリエーションが入ってきて、その意味を寸断する。たとえば「波」は、やわらかい皮のような曲線をえがく一般的な波をさす。「浪」は、川の流れをあらわすとともに、「良」の部分が穀物を洗うことを意味しているから、清らかな白波。「濤」には涌《わ》きあがる意味があり、その旁《つくり》「壽」は長生きの老人をあらわすので、遠い沖合いからの長いうねりのこと……云々。こうした説明には、現代でもなるほどとうなずく人々の多いように、当時はそれにもまして強力な説得力があっただろう。当然ながら人々は、漢語にそって概念を作り上げてゆくことになる。

実は、こんなふうに漢語に奪いとられていったさまざまな概念に対抗して、和語が、いわば感覚的な領域でそれに照応するものを作り上げてきたのがオノマトペなのである。たとえば、漢語の「厳密に符合する」には、和語の「ぴったり合う」がぴったり合うことになるわけだ。当然ながら、オノマトペは日本語のなかで増殖する。

小川がサラサラ流れたり、犬がワンワンないたりするのは、まだ欧米の言語でもめずらしくはないだろうが(murmur, bow-wow)、さすがに雪がシンシンと積もったり、月がコウコウ(「皓皓」という漢語までオノマトペにしてしまう!)と輝いたりすることはない。雨だって、ザーザー、シトシト、ポロポロ、ドシャドシャと多様なふりかたをし、それがやんだら「シーン」という静けさの表現までが待ちかまえているのである。ラフカディオ・ハーンが日本の民話を英訳するときに、オノマトペに悩まされたというのも納得のいく話。おそらく日本は、世界にも比類のないオノマトピア(オノマトペのユートピア)なのだ。

たとえば、先に見た三遊亭円朝の『怪談牡丹燈籠』の一節を引いてみよう。

　其の中上野の夜の八ツの鐘がボーンと忍ケ岡の池に響き、向ケ岡の清水の流れる音がそよ〱と聞え、山に当る秋風の音ばかりで、陰々寂寞《せきばく》世間がしんとすると、いつもに変らず根津の清水の下から駒下駄の音高くカランコロン〱とするから、新三郎は心のうちで、ソラ来たと小さくかたまり、額から腮《あご》へかけて膏汗《あぶらあせ》を流し、一生懸命一心不乱に雨宝陀羅尼経《うほうだらにきょう》を暗誦して居ると、駒下駄の音が生垣の元でぱつたり止みましたから……

死霊を待つ恐怖のさなかに、まずは八つの鐘が「ボーン」と響く。清水の音が「そよそよ」と聞こえ、秋風の音がそれにまじる。陰々滅々としたなかで世間が「しん」と静まりかえると、二人の女性の霊たちがはく駒下駄の音が、いやましに高く響きわたる。そらきたドキリ。ゾクゾクしている新三郎のすぐそばで、今度は、下駄の音がぱたりとやむ。ヒヤリ。こうしたオノマトペを積み重ねてゆく手法は、情景をますます身体感覚的なものにし、聞き手は「判断的」ではなく「蠱惑的」になり、身体的な不安や期待や恐怖にとらわれて、すっかり感情的な主体に成り果てる。つまり、世界と感情的主体とは不安という接触面を介して、その表裏になってしまうのである。森有正が語る「[日本語では]対象と主体とは「語」という一点において直接的に接触し、主客合一的事態を出現させる」というのは、まさにこうした状態をさしていたのではなかったか。

　そう思って見てみると、なるほどわが国の作家たちは、オノマトペの使用にたけており、それによる情景の喚起力にも、ただならぬものがある。ふたたび二葉亭にご登場願おう。

傍の坐舗《ざしき》の障子がスラリ開《あ》いて、年頃十八九の婦人の首、チヨンボリとした摘《つま》ミ鼻《ぱな》と、日の丸の紋を染抜いたムツクリとした頬とで、その持主の身分が知れるといふ奴が、ヌツト出る。

(『浮雲』第一回)

ここに見られるように、オノマトペは「ボーン」や「カランコロン」ばかりでなく、「スラリ」から「ムックリ」「ヌット」、さらには「ピタリと」「ハッキリと」などのような副詞にまでもくいこんでゆく。そして、それらがこぞって、周囲に独自の雰囲気をかもし出し、人々を一種の擬似体験へといざないながら、日本語を身体感覚的な言語に仕立てあげてゆく。日本語のこうした感性的表現力は、おそらく世界でも傑出しているのであり、それがまた日本語の栄光とも悲惨ともなるのだろう。

いずれにせよ、こうして漢字の相貌性も、テニヲハの感情性も、オノマトペの感覚性も、すべては日本語の「蠱惑的」性格を強化し、日本語という「思考の身体」は、きわめて外部受容的で、皮膚接触的で、身体感覚的なものとなる。私たちは「モノ」や「語」にとらわれ、皮膚の表面を愛撫されてでもいるかのように受動的となって、森有正の言う「主客合一的事態」を生じ、「自由」を失ってしまうことになるだろう。

2　和語的情念からの解放

『源氏物語』に見る「延伸の論理」

では、私たちがこの「自由」を得るためには何が必要であるのか。森によれば、それは西洋流に、「単語的」接触から「命題的」接触へと移行し、主体がモノからいささかなりと身を離しながら、肯定、否定、疑問、懐疑、推測などを介して判断を下すようになることであった。だとすれば、日本語もまず、「命題的」なレベルでものを考え、主体が「判断的」にならねばならないわけだが、はたしてそれが実際の日本語の文章ではどういうことになるのか。少しばかり伝統的な日本語へとさかのぼって考えてみることにしよう。

たとえばここに、『源氏物語』の有名な冒頭部がある。

いづれのおほん時にか、女御《にようご》更衣あまた侍《さぶら》ひ給ひけるなかに、いとやむごとなき際《きわ》にはあらぬが、すぐれて時めき給ふありけり。（漢字・句読点は適宜ほどこした）

おそらく誰もが高校あたりで出会うはずの文章だが、いかがだろう、読者の皆さんは、これを首尾よく現代語に訳されただろうか。やっかいなのは「いとやむごとなき際にはあらぬが」の部分であり、ここで「特に貴い身分ではないけれど」と訳して失敗された方もおありだろう。私など、それどころではなく「いとやむごとなき際にはあらねど」と暗記していて、後に恥をかいたことさえある。つまり、私たちはこの「が」を、ともすると逆接の接続助詞ととらえてしまうのだが、当時の感覚からすれば、単なる格助詞と見るべきであって、「特に貴い身分ではない人が」と訳さねばならないということだった。

もちろん、こうした格助詞の「が」「に」「を」は接続助詞としても使われるわけで、まあ絶対に格助詞としなければならないものでもないようだが、それでも、その場合には、前後の句にきわめて微妙な関係ができ、やはり私たちの感じる逆説的なニュアンスですますわけにもいかないらしい。むしろ私たちはここから、この時代の日本語は、二つの事象が同時的なものか継起的なものかということだけを表現し、前後の句の関係が順接か逆接かについては、ほとんど言及しなかったのだということを学ぶべきであるだろう。したがって、従来の日本語の連なりは、ぎくしゃくとねじれることもなく、後ろへ後ろへと伸び広がるようになっていた。いつだったか、ある和歌の名手に心得をうかがったとき、「おおらかに一続きに詠みなさい」とくり返し強調されたことを思い出すのだが、これもまた同じ論理であるにちがいない。

こうした日本語の文章のありかたは、森の言う、肯定、否定、疑問、懐疑、推測などを駆使して蛇行《だこう》する西洋的な論理の結構にくらべれば、きわめて平板な思考の流れを示すものと言えるだろう。さらに進んで、同じ『源氏』の「総角《あげまき》」の一節をも見てみよう。求婚に応えてくれない宇治の大君への想いを、薫が一人の老女に語っている場面である。

さしむかひて　とにかくに定めなき世の物語を　へだてなく聞こえて　つゝみたまふ御心のくま残らずもてなしたまはむなむ　はらからなどのさやうに睦《むつ》まじきほどなるもなくて　いとさうざうしくなむ　世の中の思ふことの　あはれにも　をかしくも　愁はしくも　時につけたるありさまを　心にこめてのみ　過ぐる身なれば　さすがにたづきなくおぼゆるに　うとかるまじく頼みきこゆる

大意は、「さしむかいで色々なお話ができ、遠慮なくお相手いただけたらどんなにありがたいことか。兄弟にもそんなに親しい者がいなくて、淋しくてね。日々の喜怒哀楽も胸にしまっておくばかりでよるべがないのでね。親身になってくださいとお願いしているんですよ」といったところだろうか。

構造を見てみると、「もてなしたまはむなむ」が最後の「頼みきこゆる」とのあいだに係り結びの関係をもっており、全体としては「さしむかいで話を聞いていただければありがたいので、親身になってくださいとお願いしているんですよ」という一つの流れをなしている。そこに「親しい者がいなくて淋しいので」「一人で胸の内にしまうばかりでよるべがないので」という二つの理由が挿入されているわけだ。さらに、この二つの理由の前者は、後者に対するそのまた理由にもなっている。

これが英語でもあれば、主節に対してbecauseやasやforを使った入り組んだ従属節がつけられ、文章の流れはよじれたり反転したりしなければならなくなるだろう。ところが、かつての日本語では、こんなぐあいに、結果とも理由とも並列ともつかない節関係によって、後ろへ後ろへと単純に続いていくのである。これをして国語学者の阪倉篤義氏は「延伸の論理」(1)と名づけられたが、まさしくそこにこそ古典日本語の本質があらわれている。つまり、森有正が言うような自由を可能にする「命題的」な文章を展開するには、やはりあまりにも流れに身を任せすぎていて、これでは「判断的」な主体を確立するには不向きなものであると結論せざるを得ないだろう。

そうだとすれば、わが日本語においては、「単語的」接触から「命題的」接触へとレベルを変えたからといっても事態がそれほど変わるとは思えない。実際、薫のくりごとにも、自分の心境を明確に主題化したり分析したりするところはほとんどなく、彼は、ひとえに雰囲気的で感情的な思いのたけをめんめんと述べる（まさに延べる）ばかりである。感情が全幅を占めているのは、まさしくあの係り結びが証明するところであり、「なむ」で少しばかりせきとめられた感情は、勢いを増して「頼みきこゆる」までいっきに流れくだってゆく。たとえ理由を述べる二つの知的な命題があるように見えても、実はこれさえ、話者の思いを強調するための飾りでしかないのである。「単語的」接触がモノから自由になれなかったように、かつての日本語では「命題的」接触（と言えるかどうか）もまた、モノから、あるいは、モノによって喚起される感情から、自由にはなれない宿命を背負わされていた。つまるところ、文章もまた「蟲惑的」であったと言えばいいのだろうか。いずれにしても、「判断的」な主体を確立するところからは、ほど遠いものであったように思われる。

もちろん、この時代のこうした文章も、やがて鎌倉五山の仏教文化の伝来や、江戸期の厖大な漢籍の流入などの影響を受けながら変質する。徐々に、主格をあらわす「が」や目的格をあらわす「を」などの格助詞が発達し、接続詞も多用されるようになり、次第に論理性も高まってはくる。

しかしながら、基本的な古典日本語の性格は、少なくともあの「言文一致体」あるいは「口語体」が一般化するまでは絶えることがなかったと言っていい。してみると、口語体となってから、まだ一〇〇年と経っていない私たちの時代である。そこには森有正の指摘どおり、まだまだ主体を「判断的」にしない要素が、単語レベルにも命題レベルにも満ちあふれているのだろう。

係り結びの特性

さて、それでは、あの西洋的論理を採り入れた森田思軒たちの「周密文体」や逍遥・二葉亭らが練りあげた「言文一致体」を経て私たちの手にとどけられた現代日本語は、はたして「蟲惑的」から「判断的」へと移行できるだけの力量をそなえたものとなっているのだろうか。森の指摘するように、現在もなお日本語には「蟲惑的」な傾向があるとしても、それが原理的に見て「判断的」になり得るのかどうかという問いは、やはり一度は考えておくべき事柄であるはずだ。もっとも、日本語の論理の結構が西洋語との接触で大きく変わったことについては、すでに、第二章でも『吾輩は猫である』に例をとりながら考えてきた。したがってここでは、命題レベルの日本語が、モノやモノに触発される感情から身をもぎ離すことができるのかどうか、その点だけに限って考えてみることにしよう。

まず注目すべきは、先ほどの「総角」の一節にもあった「係り結び」というものである。あそこでは、「なむ」でわずかにせきとめられた薫の感情が、かえって勢いを増しながら「頼みきこゆる」までいっきに流れくだってゆく様子が、はっきりとあらわれていた。つまり、「係り結び」は感情のブロックのようなものを形づくっており、「係り」から「結び」までを一つの心理で色づけてしまうのである。こうした「係り結び」を多用することによって、話者は、おのずから大きな感情のうねりのなかに籠絡《ろうらく》されてゆく。

だが、そもそも「係り結び」とは何なのか。少し学校文法を思い出していただきたい。「係り」に「ぞ、なむ、や、か」がくれば「結び」は連体形、「こそ」がくれば已然形になるという、あれである。たとえば「涙流る」を例にとれば、両者は次のようになる。

涙ぞ　流るる
涙こそ　流るれ

だが、なぜそうなるのか。それは、「涙ぞ」や「涙こそ」のように主部に強い感情をこめると、述部が「流る」では軽くてバランスがとれなくなるからである。そこで連体形や已然形を借りてくる。もとより連体形は、後に続く体言にかかって名詞句をつくる力をもっているし、已然形は、言い放ちの強い調子をもっている。つまり、「係り結び」とは、文章の主部と述部との関係において、主部が重くなれば、述部の方にもそれに見合った重みをつけてバランスをとろうとする形式なのである。「結び」の部分でこのバランスが回復されるまでは、「係り」の感情過多はずっと重くのしかかり、話者をひときわ感情的にしてしまう。

こうした「係り結び」は、現代日本語ではすっかり失われてしまい、代わりに、「涙が流れるのだ」「まさに涙が流れるのだ」「ほかならぬ涙が流れるのである」などの表現がその役割をになっている。これらが意味するものは、本体部分の「涙が流れる」という客観的な事実は事実として置いておき、感情はまた別個に、副次的な言葉や助辞類によって付加しようとする分析的な心の動きであるだろう。話者はこれによって、感情に翻弄されるところからわずかながらも身を離し、知的な秩序へと移行することができるのである。ここには、いささかなりと、森の言う「自由」への萌芽《ほうが》がありはしないだろうか。

助動詞の削減＝複合化

この傾向はまた、従来の日本語に見られた数多くの助動詞が、現代語ではめっきり減少してきたこととも符合する。たとえばここで、かつて「鳥鳴く」に付加されていた推量の助動詞をいくつかあげ、それに現代語訳をつけてみよう。

鳥鳴かむ　　鳥が鳴くだろう
鳥鳴かじ　　鳥は鳴かないだろう
鳥鳴きけむ　　鳥が鳴いただろう
鳥鳴くらむ　　鳥が鳴いているだろう
鳥鳴かまし　　鳥が鳴くだろうに
鳥鳴くらし　　きっと鳥が鳴くだろう

両者をくらべてみると、まずは、かつての助動詞の精妙なことに驚かされるにちがいない。それにひきかえ現代語は、「だろう」をくり返すばかりの単調さである。一見したところ、現代語の表現力が低下したようにも思われるが、もちろん、そのようなことはさらさらない。よく見ればわかるのだが、「鳴かむ」と「鳴かじ」との間には、「推量」と「打消の推量」とのちがいがあり、これを現代語は「鳴く」＋「だろう」と「鳴かない」＋「だろう」というそれぞれ二つの要素であらわしているのである。つまり「打消」は「打消」の要素のみが担当し、「推量」は「推量」の要素のみが担当しているというわけだ。同じようにして、「鳴かむ」と「鳴くらし」とは、「推量」と「確信のある推量」とのちがいとなり、「確信」の部分は「きっと」が分担するようになっている。

このように、かつての日本語では、たくさんの助動詞が個々別々の事象に対応し、複雑なニュアンスをあらわしていたところを、現代の日本語では、そのニュアンスがさらに下位区分されていくつかのエレメントになり、そうしたエレメントの組み合わせで現実をあらわすようになっているのである。したがって、エレメントは必ずしも現実のモノや感情に対応するわけではなく、「推量」「打消」「意志」「願望」「仮定」など、きわめて抽象的な主体の側の基本単位を形づくることになる。また、こうした基本単位は、比較的少数で事が足り、それぞれは単一の意味をになうだけなので、人々の記憶容量に負担をかけず、エレメントを組み合わせる自在さは、新しいさまざまな表現をあみ出すために好都合でもあるだろう。つまり現代語は、かつての日本語とはちがって、現実からはかなりの距離をおいた言語独自の秩序を打ち立てているのである。これもまた、森の言う「自由」への萌芽とは考えられないだろうか。

結局、現代の日本語は、「係り結び」の消滅や助動詞の削減＝複合化といった現象を通じて、現実のモノや感情と一対一で呼応するようなかつての「癒合《ゆごう》的」なあり方から、次第に、「分析的」で「抽象的」な方向へと歩みを進めているように思われる。

3　日本語は「あいまい」ではない――現代語の分析的傾向

なぜ日本語は分化したのか

さて、森有正の「蠱惑的」「判断的」に拘泥するのはこのあたりにして、そろそろ、こうした日本語の分析的な歩みそのものに目を移し、現代日本語の特徴をさらにくわしく見てみることにしよう。

まず私たちは、先ほどの例にあげた助動詞「だろう」が使用され始めたのが文化・文政期（一九世紀前半）であり、それが「推量」という話者たちの表現力の一エレメントとして定着するのは、ほぼ明治の末から大正にかけて（二〇世紀初頭）の時期であることに注目しなければならない。江戸期には「う」「よう」「まい」といった「推量」と「意志」とが未分化のままに含まれた三種の助動詞があったわけだが、これの「推量」部分だけを「だろう」が一手にひき受けるようになると、「う」「よう」は「意志」を分担し、「まい」が文章語においてかろうじて生き残るという結果になってきた。つまり、そこには未分化から分化へという分析的な動きが生じてきたのである。

あるいはまた、江戸期の禁止表現には終助詞の「な」が使われていたのだが、これがやはり明治末から大正にかけて、「しないで＋くれ」「するのは＋よせ（やめろ）」というぐあいに「打消」と「命令」との組み合わせや「禁止」専門の動詞によって表現されるようになってくる。これも同じく、分化であり分析的な動きであるだろう。

このように、江戸から明治・大正へと移行するなかで、日本語は急激にその意味を専門分化させてゆく。つまり、その先にある現代日本語は、従来の日本語にくらべて格段に分析的になってきているということだ。これについては、いくつかの理由があげられよう。

第一に、分析的な傾向は、およそ自然の趨勢《すうせい》であると言っていい。たとえば、平安時代に「月出づ」や「月見む」とのみ言っていたものが、やがて鎌倉・室町とくだるにつれ、次第に「月が出づる」「月を見む」というふうに格助詞にともなわれるようになってくる。これは、主格・目的格の未分化な状態から、両者が分化してきたことにほかならない。あるいはまた、あの『伊勢物語』の「昔おとこありけり」にしたところで、今日では「格」や「数」をおぎなって「昔々、一人の男がいた」と訳さねばならなくなっている。原因はもちろん、私たちの社会が発展し複雑化するに応じて、表現すべきものもまた、分化し、多様化していくからであるのだろう。

第二には、当然ながら、西洋語の影響があげられよう。すでに第二章でも見たように、明治期からは主語の用いられる頻度が高くなり、それに応じて人称代名詞や所有形容詞、指示代名詞や指示形容詞もふえてくる。あらゆる受身のスタイルも一般化する。「格」や「数」ばかりではなく、細かな表現のエレメントが分化するのも理の当然であるだろう。そこには時制や「継続」「完了」「反復」などをあらわす相《アスペクト》までが、さまざまな区別を必要としながら複雑に関わってくるのである。

そういえば、日本語に大きな分析化の波がおしよせたことは過去にもあったが、その時もまた、やはりわが国が中国の影響をはげしく受けた時期であった。

第三に、分析的な傾向はまた、現代日本語の標準形が方言との関係において確立される、その過程に由来するものでもあるだろう。通常、明治期の共通語は、東京・山の手の中流以上の人々が使っていた言葉をもとに生み出されたと言われるが、実際には、その山の手自体が薩長を中心とするいかいいおのぼりさんの混成部隊で成りたっていた。あるいはまた、そのまわりに裾野をなす数多くの漢学書生や洋学書生であふれかえっていた。この人々が、てんでに方言を使ったり、漢籍や洋書からくる文章語やおかしな書生言葉を乱発していたことは、先に引用した『当世書生気質』にも詳しく描かれている。彼らが、たがいに意思疎通をはかるためには、共通したエレメントを用いる以外にどんな方法があっただろうか。

なるほど各々の方言には、それぞれ語感のこもった見事な表現があるとしても、それをたがいに学んでいくのは大変だ。多少の語感は犠牲にしても、まずは概略を分かりあうのが順序というものであるだろう。坂本龍馬のおかげで有名になったわが土佐弁の「いごっそう」にしたところで、言いかえればその味わいは落ちるとしても、とりあえず「自分の意見をつらぬく」「愛すべき」「偏屈者」といったぐあいに、いくつかの共通エレメントに分解して人々に伝えることが先決である。まさしく、共通語の確立過程では、こうした分析的手法が広くおこなわれていたにちがいない。

「ら」抜き言葉の背景

いずれにしても、明治以降、特に顕著になったこうした未分化から分化へという傾向は、新たな情報化社会を背景に、さらに増幅されながら今日の日本語にも受け継がれている。それはまず、「係り結び」の消滅と同じく、ひとまとまりの表現単位が失われ、一語一語が単独行動をとるところにあらわれているだろう。たとえば、「全然〜ない」という言いまわしが「全然きれい」というふうに使われたり、「おそらく来るだろう」が「おそらく来る」になったりするのがその例だ。「もし〜ば」という形もくずれて、今や、JRの電車の扉近くにさえ「もし出るときは、ほかの電車やおりる場所にもご注意下さい」といったプレートが堂々とかかげられるようになっている。

同じようなことは、慣用句の解体にもあらわれている。たとえば、「天高く馬肥える」と「秋深く燈下に親しむ」がミックスされて「天高く燈下に親しむ季節となってまいりました」とする誤用が実際にあったらしいが(2)、これなど単なる誤用というだけにとどまらず、やはり分析的傾向の一例ともなるだろう。こうした現象は、「喧喧囂囂《けんけんごうごう》」と「侃侃諤諤《かんかんがくがく》」のそれぞれ半分が単独行動をとり、「喧喧諤諤」となってみたり、「当を得る」と「的を射る」から「的を得る」が生じてみたりするところにもあらわれている。傑作なのは、「ごはんを食べてすぐ寝ると牛になる」を分解して、「おねえちゃん、ごはんを食べてすぐ寝るとブタになるよ」とやっていた知人の子供であり、あるいはまた、「まわりに警戒を払うように」と命令をくだしていたテレビの刑事役である。当然これは「注意を払う」の「払う」が独り歩きした結果であるわけだが、この「注意を払う」という言いまわしそのものが英語の pay attention の逐語訳からきていることを思えば、実に誤用とは意味深いものではある。

あるいはまた、敬語の「いらっしゃる」が「行かれる」「来られる」に分化したり、それ自体が「行く」＋「れる」や「来る」＋「られる」などの下位区分からできていて、こちらの方が多用されたりするところにも、やはり分析的傾向は見てとれる。この「れる」「られる」にちなむ若者たちの「ら」抜き言葉にしたところで、「来れる」は「可能」、「来られる」は「尊敬」に一本化する動きとして捉えられないこともない。さらには、子供の作文に見られる「楽しかったです」や「おもしろいでした」など、「です」が所かまわず用いられるエレメント化の萌芽ともとれるし、現在ほとんど許容されてしまっている「〜でない」のような言いまわしも、「〜ではない」という「は」を介在させる使用法からの「ない」の独立と見ることもできるだろう。

そもそも、現代語が主語をさかんに使うようになったことでさえ、かつての日本語ならば述語のなかに含まれていたものを、わざわざ主語・述語に分けて表現しようとする分析的傾向のあらわれだと言えるかもしれないのである。

精密化する日本語

もちろん、こうした現代日本語の分析的傾向も、それだけでは、森有正の言っていたような「判断的」あるいは「論理的」なものになるわけではなく、時には行きすぎた分析で、論理を狂わせてしまう危険性さえはらんでいる。たとえば、「〜たり、〜たり」の呼応の関係を失ってしまったとところに、今日、随所で見られる「この場所で、花火をしたり騒いではいけません」といった物言いが登場することになるわけだが、ここまでバランスを失うと、やがて物事を並置したり対置したりする厳密な論理の結構を追えなくなってもくるだろう。ともあれ、そうしたバランス感覚を失いさえしなければ、分析的傾向はやはり論理を緻密にするのであり、おかげで、永年にわたって漢語的決まり文句《クリッシェ》や和語的情念にとらわれてきた日本語の明晰《めいせき》さを磨くためには、今や願ってもない状況が生じている。

これまで、わが同胞たちの間では、どういうわけか「日本語はあいまいな言語である」という「神話」がまことしやかにささやかれてきたが、そろそろ私たちは、それがまさしく根も葉もない「神話」であることを知る必要があるだろう。日本語があいまいに見えるのは、人々がそれをあいまいに使おうとする別のファクターによるのであって、決してそれは日本語の罪ではない。たとえば、格関係ひとつをとってみても、テニヲハによってそれを克明に示す日本語は、ほとんど語順にたよっているだけの英語などにくらべて、格段に明晰なのである。たとえば、以下の英語と日本語訳とをくらべていただきたい。

I hit him.　　私は彼をなぐる。
I tell him.　　私は彼に話す。

英語はどちらも目的格というだけのことだが、日本語は対格と与格とを訳し分けている。

I arrive at the bus stop.　私はバス停に到着する。

I run at the bus stop.　私はバス停へ（と）走る。

英語はどちらも到達点を示すだけだが、日本語は到達点も方向性も示すことができる。さらに次のような例を見れば、日本語の明晰性は疑うべくもないだろう。

He called me a doctor.　彼は私に医者を呼んでくれた。

He called me a doctor.　彼は私をドクターと呼んだ。

このように、テニヲハのおかげで、日本語はきわめて明晰な意味を表現することができるわけだが、近年ますますこれに磨きがかかり、本来のテニヲハ（格助詞）にさらに後置詞をつけて、いっそうの正確を期そうとする動きもあらわれている。

たとえば格助詞「で」には、「テレビで見る」のように「手段・方法」をあらわす場合も、「駅で待つ」のように「場所」をあらわす場合もある。そのため、「銀行で料金を徴収するのが望ましい」というような表現では、「銀行の手で徴収する」のが望ましいのか、「銀行という場所で徴収する」

のが望ましいのか分からない。したがって、前者を「によって」、後者を「において」といったぐあいに後置詞で区別すると、さらに厳密になるというわけだ。このような使用例は、とりわけ報道の分野に多く見られるが、言うまでもなくそれは、「簡明さ」の要請によるものであるだろう。

首相は、当会議において世論に対し担当大臣の不祥事について釈明するために、考慮のあげく、側近とともに帰国することにした。

つまり、これらの後置詞は、先行する名詞が他の単語ととり結ぶ関係をいっそう明確にするために、格助詞を補助すべく生み出されてきたものだと考えられる。そのなかには、「（に）とって」「（を）めぐって」「（で）もって」などの動詞起源のものと、「（が）ゆえに」「（の）うえで」「（と）ともに」などの名詞起源のものとがあり、いずれも、格助詞が限定する意味領域を、さらに細かく区画する。言語の身ぶりとも言うべきものは、常に、この意味領域を広げたり狭めたりしながら、私たちの認識する世界を切り分けてゆく行為なのだが、してみると日本語の身ぶりも、現代では、かなりやさしい言葉によって、命題的に細かい指示ができるようになっているわけである。こうした方向は今後も追求されていくだろうし、これら後置詞のような機能語は、これからも必要に応じ、日々新たに造られていくにちがいない。

このように、今や日本語は、これまで得意としてきた感覚的・感情的な表現から、分析的で厳密な表現にいたるまで、見事にこなせるほどの進化をとげている。もはや日本語は少しもあいまいな言葉ではないし、おのぞみとあれば「蠱惑的」なあり方から「判断的」なあり方への移行も、易々とやってのけることだろう。それをはばむものがあるとすれば、「トカ」「タリ」「ミタク」のぼかし言葉を連発し、「マジ」「ムカツク」しか言えないような若者たちか、「誠心誠意」「断行」「遺憾」などの空言しか語れない政治家たちになるのだろうが、両者はいずれも、この進化した日本語に見捨てられ、身体感覚や決まり文句《クリッシエ》にしがみつく幼形成熟《ネオテニー》のなれの果てでしかないのである。

（1） 阪倉篤義「日本的知性と日本語」、『講座　日本思想』東京大学出版会、一九八三、第二巻所収

（2） 中村通夫『現代語の傾向』宝文館、一九五七、一三〇ページ

第六章

日本語固有の論理性を探る

西洋語は「演繹的」、日本語は「帰納的」

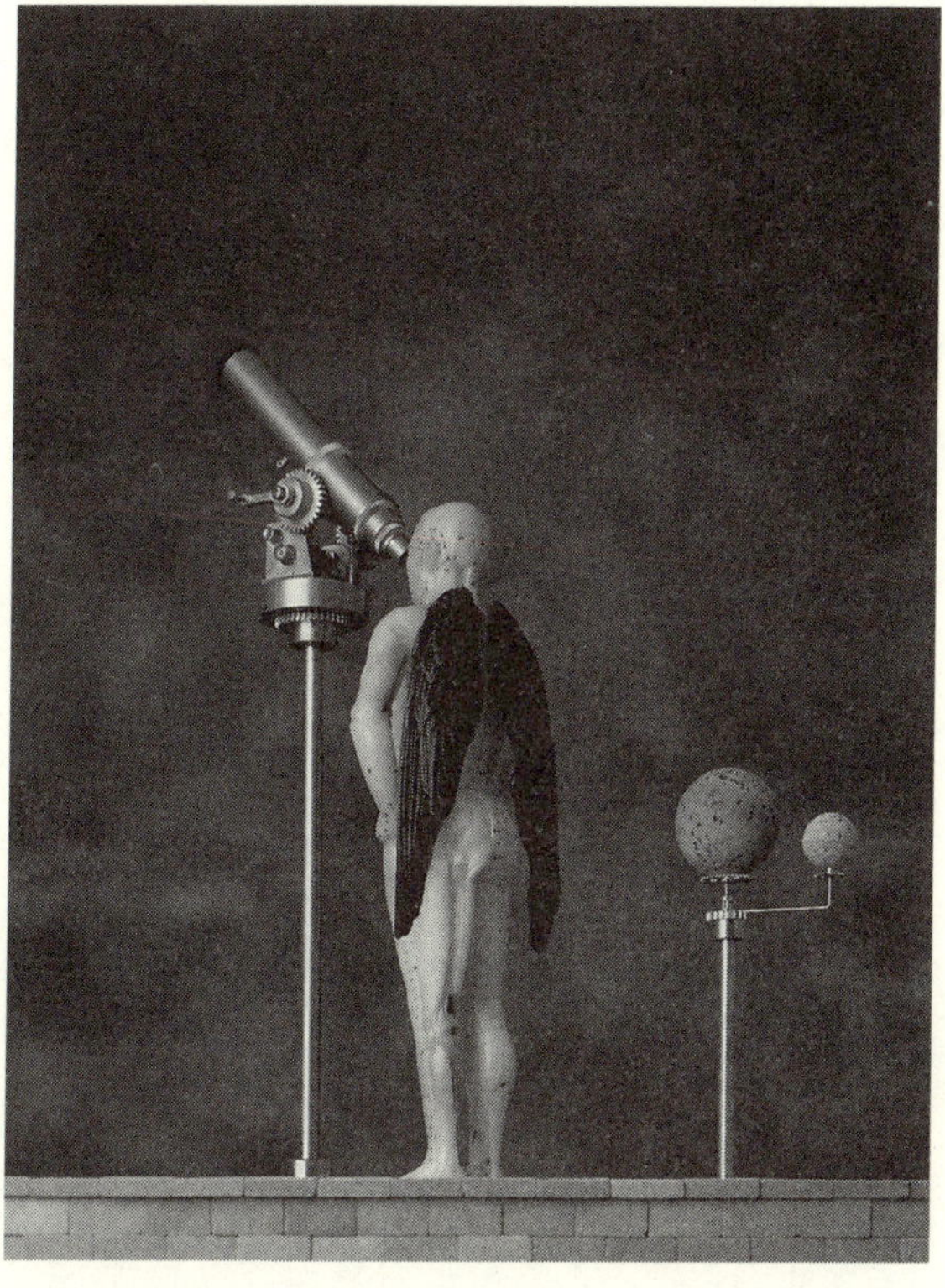

1　敬語と男女言葉——日本語という身振りの特性

明治初頭、さまざまな文体に分断され、漢文的決まり文句《クリッシェ》にとらわれていた日本語は、やがて、西洋語との接触をきっかけに、中心的な文体を模索し始め、言文を近づけて決まり文句をのがれ、新たな概念語をつくり出して、次第に論理的な文体を明らかにするようになってきた。前章で見たように、従来はモノとの間に「蠱惑《こわく》的」とも言うべき関係をむすんでいた日本語も、今日では、きわめて分析的で精密な方向へと進化することによって、自由で「判断的」な機能をもこなせるようになっている。まずは慶賀すべき状況であるのだが、しかしそこには、おそらく、二つの根本的な問いが残されているにちがいない。

たしかに日本語は論理的な歩みを見せている。だがそれも、いずれは中途半端なものに終わるのではないか。なぜなら、日本語には「敬語」や「男女言葉」といったものがあり、これらが論理の追求を不徹底なものにしてしまうからだ、というのが第一の問題。そしてまた、たとえその問題が解決したとしても、つまるところ、私たちは西洋的な論理を目標におき、その後追いをしているだけのことではないか。はたしてそれでいいのだろうか、というのが第二の問題となるだろう。私たちはこの章で、これら二つの問いに同時に答えられるような論理展開をしてみたいと考えている。

「我思うゆえに我あり」六変化

まずここに、西洋近代をその根底でささえている一つの言葉がある。デカルトの「コギト・エルゴ・スム」である。周知のごとく、日本語ではこれを長年にわたって「我思うゆえに我在り」と訳してきた。古臭い漢語調で、いかにもかたく、哲学をますます人々から遠ざけてしまうような翻訳ではあるだろう。しかしながら、これを親しい日本語にしようとしても、どっこい、なかなかうまくはいかないのだ。

私は思う、だから私はある。

こうすれば、なるほど少しやわらかくはなるが、漢語調のリズムがなくなると、どことなく「思う」が中途半端な感じになり、「〜と思う」「〜のことを思う」などとしなければ物足りなくなってしまう。同様にして「私はある」の方もまた、「私はいる」でなければ、おかしな感じになるだろう。無生物には「ある」、生物には「いる」を使うのが現代語の常識であるからだ。そこで、さらに知恵をしぼって、「思う」を「考える」に替え、生物でも無生物でもかまわない「存在する」を使ってみようということになってくる。

私は考える、だから私は存在する。

これならば、かなりいい線をいっているのではないか。おそらく、現代の私たちがデカルトを理解するためには、このくらいの日本語がぴったりだと思われるが、ただし、それでもなお、Je pense donc je suis（我思うゆえに我在り）がフランスでは、日常語としてまったく違和感のない表現であるところにくらべれば、私たちの「存在する」などは、まだまだしっくりくるものではないだろう。いつだったか、大学の教員室でドイツ人の先生がこう話すのを聞いて、私は噴きだしてしまったことがある。「加賀野井先生、あなた私がむこうに存在していると思ったでしょうが、私ずっとここに存在してたんですよ。」――いや、さすがに「存在論」の大家ハイデガーを生みだしたお国柄ではある。

そんなわけで、コギトの訳をもう少し日常語に近づけてみるとどうなるか。

俺、考えるからさあ、だから俺いるんジャン。
あたし、考えてるわ、だからあたしいるのよ。
わしは考えておる、だからわしはいるんじゃ。
わたくしは考えております、ですからおるわけでございます。

ヤンキーのデカルト、艶《つや》っぽいデカルト、老いたデカルト、小役人のデカルトと、まずは、人称代名詞によって、語り手の性別や年齢がかなりはっきり分かってしまう。つぎに、「さあ」「ジャン」「わ」「よ」「じゃ」などの情意をあらわす付属語によって、やはり性別や年齢が知れるとともに、語り手の心理状態も伝わってくることになる。さらに、「ます」「ございます」などがあれば、敬意や態度までがつぶさに感じとれるというわけだ。そこからひるがえって考えてみれば、逆にフランス語のあり方も見えてこよう。Je pense donc je suis と言うだけでは、デカルトの年齢はおろか、性別さえも明らかにはならない。つまり、西洋語で考えるときには、だれもが自分自身の性や年齢や敬意にはとらわれずに、抽象的でニュートラルな思索を進めていくことができるのに対し、日本語で考えようとすると、常にこうした「人称代名詞」「敬語」「男女言葉」を取捨選択しなければならなくなるのである。

君子豹変す——「場」に応じて変化する日本語

かつて、新聞にこんな笑話がのせられていた。

君子ヒョウ変

「ワシの眼鏡知らんか」（私に）
「オレやオレや」（友人に）
「ボクがやります」（義兄に）

「ワタクシの方からお伺いします」（上司に）

これ、ぜーんぶ、一人の男のせりふ。よくまあ、器用に変えられますこと。

（大阪府枚方市・ワシとオレとボクとワタクシの妻・五一歳）

（『朝日新聞』一九九四年七月二日）

このように日本語では、かならず自分を相手との関わりのなかでとらえなければならず、「場」に応じて、思索があまりにも関係性に流れやすくなってしまう。あるいはまた、そうした関係が見きわめにくい他人と言葉を交わすことや、公の場で意見を表明することが苦手にもなるわけだ。まさに、こうした関係性をこえて、はたして日本語の論理化は徹底できるだろうか、という問題が提出されるゆえんである。

それならば、いっそこの繁雑な「人称代名詞」をも含む「敬語」や「男女言葉」を、すべて捨ててしまえばいいではないかという議論にもなりそうだが、事はそう簡単には運ばない。「言語過程説」で知られる国語学者、時枝誠記《ときえだもとき》が言っていたように、「国語の表現は、敬語を積極的に使用した場合でも、或は消極的にこれを省略した場合でも、いずれにせよ、敬語の関与を離れては存在し得ないものである」（『国語学原論』）。たとえば、「こちらにおいでください」「ここにきてください」といった表現から、敬語や女性言葉を除いて「ここにこい」とすればニュートラルな物言いになるだろうか。そうではあるまい。それらの不在は、そのまま「ぞんざいな表現」や「男性的な表現」となってしまわずにはいられない。敬語にも男女言葉にも長い長い歴史があり、今や日本語という「思考の身体」にとって、これらはともに、すっかり身についた所作となってしまっている。敬語とはまるで縁のなさそうなチンピラだって、ちゃんとそれなりの口をきいているのである。

親分、加賀野井の野郎、あんなことをぬかしてますぜ。

「敬語」と「男女言葉」の由来

そこで少しく「敬語」と「男女言葉」との歴史をふり返っておきたいのだが、両者は別々にあつかうのも、一緒にあつかうのもむずかしい。女性の「あら、いやだ」という表現なら、敬語とは無関係に考えることもできるだろうが、同じく女性が「おサイフ」や「おドンブリ」などの美化語を多用するということになれば、とたんに、敬語との関わりが生じてくる。両者のあいだは不即不離の関係で結ばれているのである。

かつて、アイヌ語の研究家である金田一京助が、敬語や女性語の起源を、ひとしなみに性のタブーによって説明しようとしたのも、おそらく両者のそうした関係をかんがみてのことであっただろう。当時、アイヌの婦人にとって、夫の名前を口にすることは絶対のタブーだったらしく、巡査が戸籍しらべをしても戸主の名を聞き出せず、物議をかもしていたという。金田一はここにヒントを得ながら、デンマークの言語学者オットー・イェスペルセンの説を後ろ盾にして、次のように推理してみたのである。

蒙古では、人の妻は、どんなことがあっても、夫の名を口にすることができないのみか、夫の名が、虎吉だと、「虎」ということさえ言えない。ぜひ「虎」と言わなければならない時には、例えば、「まだらの毛皮の恐ろしい神」というように表現する。［……］この習慣が重なり重なって、とうとう「婦人語」という特殊語の発生となり、小児は、婦人に育てられるから、知らず知らず婦人語を使う。ここに妻が夫に使う言葉が、そのまま年少者が年長者に向って言う言葉になる。これがすなわち、敬語の起源である。（『日本の敬語』）

なるほど、名指しのタブーから敬語が生じたというのは、大切な息子にわざと「捨吉」などという名をつけて魔を祓《はら》おうとした先人の知恵などからしても、納得のいく説ではあるが、ただし、これは右のような男系社会や家族関係が一般化した段階でこそ言えることであり、古代社会において必ずしもそうであったかどうかは疑わしい。むしろ、記紀万葉を調べてみれば、「神」や「君」に対する使用例が圧倒的に多く、おそらく敬語というものは、超越者への畏敬《いけい》の念から始まったと見るほうが信憑性《しんぴょうせい》はありそうだ。

とはいえ、その後、宮廷文化が栄え、宮中の女性たちが繊細な「婦人語」を織りあげてゆく時代ともなれば、金田一の説は、にわかに精彩をおびてくる。つまり、彼女らは高貴な人々を前にして、言葉のうえでの数々のタブーや婉曲表現を組織していくことになるわけだが、これはそのまま、敬語が整備されるプロセスでもあるだろう。

そのようにして、やがて『枕草子』のころには敬語も女性語もかなりの発達をとげ、清少納言は、人々の誤用に対して、いちいち目くじらを立てねばならないほどになっていた。二六二段にいわく。ぞんざいな手紙文もだめだが、かしこまり過ぎるのもよろしくない。召使いが主人のことを悪く言うのはよくないが、他人に向かって主人に敬語を使うのも考えものだ……。なんとまあ、現代の識者と呼ばれる人々が、言葉の乱れを嘆いている姿によく似ていることか。ことほどさように、当時、すでに敬語は今日以上に整備され、（貴族階級に限定されるとはいえ）社会規範として確固たる地位を獲得していたのである。これがやがて室町時代に丁寧語の分野を拡大し、江戸になると、身分制度の細分化に応じて錯綜《さくそう》をきわめることになる。

漢文は「男手」、和文は「女手」

清少納言はまた、六段目において、男女言葉のちがいにもはっきりと言及している。

おなじことなれどもきき耳ことなるもの　法師の言葉　をとこのことば　女の詞《ことば》

こうした「をとこのことば」や「女の詞」の起源を探ろうとすれば、もちろんこの時代を遠くさかのぼるものではあるけれど、わが国における両者のはなはだしいへだたりについては、あの言文に不一致が生じたのと同じく、これまた和語と漢語との二重性が大きく関わっていることは確かである。

国風文化が栄え、ひらがなが確立した平安時代は、まさに「男手」の漢文と「女手」の和文との線引きがあらわになり、男女の言葉がはっきり分離し始めた時期であると言っていい。男は漢詩に範をとり、女は和歌に専心する。日本文学史ではいつも忘れられていることだが、このころは『古今和歌集』にはるかに先がけて漢詩の勅撰三集『凌雲集』『文華秀麗集』『経国集』が編纂《へんさん》されている時代であり、良峯安世《よしみねのやすよ》は良安世、藤原冬嗣《ふゆつぐ》は藤冬嗣、菅原清公《きよただ》は菅清公と、こぞって中国名を名のりたがっていた時代である。漢語がいかに尊ばれていたかは、容易に想像もつこうというものだ。当時のこうした風潮は、『十訓抄』や『撰集抄』に収められた小野篁《たかむら》の逸話のそこかしこにあふれている。

篁というこの御仁、もとより漢詩の才をもつおかげで、流罪を赦《ゆる》されたり、嵯峨天皇から宰相にとりたてられたりした人物である。この彼が、藤原道長のもよおす川遊びに参加した日のこと、おりから「和歌の舟」と「漢詩の舟」とがしつらえられ、舟上ではそれぞれのジャンルの競作がおこなわれることになった。このとき、篁は「和歌の舟」に乗りあわせ、見事な作をものして喝采《かっさい》をあびたのだが、後日、それを悔やんでこう言ったそうだ。「和歌であれだけ成功したのだから、漢詩の舟の方に乗っていれば、今ごろはどれほど名をあげていられたことか。」

つまりここには、漢語が和語より一段上のところにあって、それが男性の専有物となり、やがてそのスタイルが日本語の男女言葉をあとづけていく方向性が見えている。これはさらに、あの『源氏物語』の「雨夜の品定め」の場における「かしこき女」へのあざけりとなってもあらわれてくることだろう。「月ごろ、風病《ふびょう》重《おも》きに耐《たえ》かねて、極熱《ごくねち》の草薬《さうやく》を服《ぶく》して、いと臭《くさ》きによりなんえ対面《たいめむ》たまはらぬ」などと漢語を連ねるような女からは、男たちは足早に逃げさってしまうのである。

こうして、紀貫之が『土佐日記』に記した「男もすなる日記といふものを、女もしてみんとてするなり」という男女言葉の分割は、書き言葉の領域ばかりにとどまってはおらず、一般的な話し言葉にも波及する。そこから、今日もなお「おしる（汁）」「おひや（水）」などに残る「女房詞《にょうぼうことば》」「女中言葉」というものが生じ、以後、女性は和語をやわらかく使い、男性は漢語を仰々しく用いる伝統が確立する。たとえば、女性は「な行きそ」「な言ひそ」と婉曲に言い、男性は「行くな」「言ふな」とストレートに言うべきだ、といった規範が定まってくるのである。その後、江戸時代にやってくる漢学の未曾有《みぞう》の隆盛期によって、こうした傾向はいっそう助長され、明治維新にも、むしろあの新造漢語の後押しが加わりながら、現代の男女言葉の差異へと続くことになる。

「役柄存在」と日本語の身振り

このように、敬語や男女言葉は、すでに平安期にはシステムとして確立されており、その後一〇〇〇年にもわたって、日本語の身振りを規定し続けてきた。日本的な畳の生活が、私たちに胡座《あぐら》の姿勢を心地よいものとするように、敬語や男女言葉もまた、日本語に独自の思考的所作を振りあてているのである。人称代名詞の選択ひとつで、私たちは若くも見え、年寄り臭くもなり、親子・師弟などの役割をはっきり演じ分けもするだろう。敬語によって、自他の関係を上下させ、男女言葉によって、男らしさも女らしさも加減する。つまるところ私たちは、役柄存在としてのあり方を、長年にわたって身につけてきているのにちがいない。

わが同胞が、制服を着ればその役柄に徹することができるのも、会社に入ればぴたりと会社人間におさまることができるのも、はたまた、ネオテニーのブリッ子たちが巷にあふれかえっていることも、かなりの部分は、日本語がもたらす見事な振り付けによるものであるのだろう。さっきまで打ちとけた口調で話していた仲間でさえ、会議が始まると、とたんに「〜でございます」と四角四面の物言いをするようになる。欧米でも、たしかに公の場ではヨソイキの言葉を使うにせよ、ここまで豹変するのはめずらしい。

逆に、豹変と言えば、欧米の人々は親疎《しんそ》の垣根をかなりやすやすと乗り越える。たとえば、フランス語で「あなた」はvous《ヴー》だが、親しい間柄になると「きみ」「おまえ」にあたるtu《チュ》という呼びかけに移行する。これが案外簡単で、「どうだい秀一、そろそろもう私たちはチュトワイエ（「きみ」「ぼく」呼び）しようじゃないか」と言って、一挙にそうした仲になってしまうのである。ところが、敬語国民にはこれがなかなかむずかしく、私など、むかし恩を受けたあるご婦人に向かっては、未だにtuで話せなくて、いつも笑われている始末なのだ。どうやら、敬語がシステム化しているところでは、人間関係がかなり固定的になってしまう傾向があるらしい。

結局のところ、私たちは、こうした敬語や男女言葉によって習慣的な身振りを反復し、それが固定化して、まさしく役柄存在的な人格を示すようになっているのではないか。右にあげた「君子ヒョウ変」の笑話にしても、まじめな話、あの夫のなかでは「妻」「友人」「義兄」「上司」にそれぞれ対応する人格が、敬語や男女言葉の異なった位相のうえで共存しており、そのどれもが、彼の素顔と言えば素顔となっているのではあるまいか。私たちは、「場」に応じて仮面をつけ替え、さまざまな擬態をとり、つねに自分自身を演出していると思っていながら、その実、仮面の下には、何も隠されていないかもしれないのである。

「先生が申された」は誤用か？

まあ、それはともかく、私たちはこうした敬語や男女言葉を駆使しながら、精一杯、自己を演出していることだけは確かだろう。「思考の身体」としての日本語を、やわらかくしたり、こわばらせたり、雅《みやび》やかにしたり、卑しめたり……そんな行為の典型として、政治家のパフォーマンスを眺めてみるのはおもしろい。たとえば彼らは「～先生がそのように申されましたので」といった物言いをする。これが世間では、敬語の誤用として取り沙汰されたりもするのだが、そこにはもう少し複雑な身振りが隠されているのである。

通常、学校文法では、「おっしゃる」が尊敬語、「申す」が謙譲語と分類されており、当然ながら、

「先生が申された」という表現は「先生がおっしゃった」と訂正すべきものとなる。ところが、ところがだ。明治の第一回帝国議会（明治二三年、一八九〇）の速記録から始まって、現代の国会のそれに至るまで、つぶさに調べてみれば、これを誤用というにはあまりに多くの似たような用例がごろごろころがっているのに気づかざるをえない。「申す」ばかりではなく、「～先生が欧州視察に参られておるので」などというぐあいに、「参る」「おる」なども謙譲語とは一風ちがう使い方になっている。いったいこれはどうしたことか、というわけだが、実はこうした「申す」「参る」「いたす」「おる」など一連のものは、「丁重語」「荘重語」「尊大語」などと呼ばれる一個のジャンルをなしていると見るべきものなのだ。

これらは、その昔サムライたちがよく使っていた表現であり、できるだけいかめしい言葉によって身を鎧《よろ》おうとするスタイルをとっている。ちょうど、敵から身を守ろうとする魚が、ヒレをたてて相手を威嚇《いかく》しているようなものだろうか。丁重な言葉づかいが、同時に尊大かつ威嚇的になっており、政治家はそこで、言葉をこわばらせてかしこまりながら、同時に、ヒレをたてて、せいぜい体をふくらませてもいるわけだ。つまるところ、丁重な言葉づかいが、同時に男性的な性格を誇示するようになっていて、ここでもまた、敬語と男女言葉との問題領域は重なってくるのである。

これとは逆に、丁重な言葉づかいが女性的な性格を誇示するものとしては、身近なところで、女性による美化語の過剰な使用があげられよう。先ほどの「おサイフ」「おドンブリ」はおろか、「おコーヒー」「おレモン」なども姿を見せ、ついには、「お夜分（親分）お電話して、すみません」ま

小津安二郎監督『早春』より、杉山（池部良）**と金魚**（岸恵子）。（昭和31年、松竹株式会社）

で登場する始末。ヤクザ出入りにまちがえられたというのは、落とし話ではあるけれど、それにしても女性は、よくもこうした小さな付属語で、たくみに女らしさ《フェミニテ》を演出してきたものである。

小津安二郎の映画のセリフには、それが随所にちりばめられていて、一種特別な雰囲気をかもし出している。笠智衆や佐分利信が演じるでくのぼうのような男たちに対して、原節子や高峰秀子たちの何と魅力的であることか。映画『早春』の一場面で、逢瀬《おうせ》の後に「金魚」こと岸恵子が「杉山」こと池部良にちょっと嫉妬しながら媚《こび》を売るところなど、情意をあらわす付属語が効いていて、私たちの世代であれば、もう、手もなく骨抜きにされそうだ。

金魚　「あたし、あんたの奥さんのことなんか、今までそう気にしちゃいなかったのよ。

あんたに奥さんがあったって平気だと思ってたの。でも変。ほんとに変だわ。」
杉山「何が?」
金魚「奥さん、にくらしくなってきちゃった。やいてんのかな。」
杉山「……おい、早くしろよ。」

「気にしちゃいなかった」「思ってた」「変だ」などの言い切りの後におかれた「の」「よ」「わ」などの終助詞が、たったそれだけで、実にやわらかく艶《なまめ》かしいニュアンスをつけ加えているのである。まあ、私にとっては岸恵子じゃないとだめなのだけれど……。

2 丁寧語の発達――敬語と男女言葉の未来

敬語のもつ識別機能

さて、このように幾時代にもわたって、日本語の身振りを規定してきた敬語や男女言葉については、当然ながら、私たちがにわかにその是非を問うことなどできるはずもないのだが、巷では相変わらず、これらをめぐる議論がかまびすしい。いわく、「敬語」は日本民族に特有のものであり、国民の淳風美俗《じゅんぷうびぞく》をあらわしている。またいわく、「敬語」は封建性の生み出したものであり、人民の奴隷根性を作り上げてきた。あるいはまた、「女性語」は女性の優美を反映するものである。いや、「女性語」は女性を抑圧するものである……云々。とかくこうした議論はイデオロギー的になりやすく、不毛な応酬ばかりが人目をひくことになるのだが、いずれにしても、基本的な認識不足だけは正しておく必要があるだろう。

まず、身びいきの民族主義者たちには、「敬語」が私たち日本人の専有物ではないことを、もう少し勉強してもらわねばなるまい。似たような敬語システムをもつ言語としては、朝鮮語、チベット語、ジャワ語、ペルシャ語などがあげられるし、尊敬語や謙譲語をそなえているというだけでも、そこには、タイ語、ビルマ語、ヴェトナム語などが加わってくる。さらに、普通語を転用した敬語のあるものまで入れるならば、そんな言語は、かなりの数にのぼるだろう。また逆に、敬語を封建性の名残《なごり》と見る革新派の面々には、わが国と同じように封建性を経験したヨーロッパの諸言語に、なぜ敬語システムが生じなかったのか、そのあたりのことをうまく説明してもらいたいものである。

女性語をめぐる論争については、もう少しあとで触れるとして、こうした敬語をめぐる擬似説明や、まことしやかな価値判断に対しては、くれぐれも用心してかかることが大切だ。たしかに、日本語のような語彙的・文法的に顕在化した敬語システムがそなわっている言語はかなり少数派ではあって、そのために原因もあれこれ探られてきたわけだが、さほどイデオロギー的にならずとも、かなりの部分は、日本語が膠着語であるところから解釈することができるのである。

膠着語については、すでに第四章の「詞 - 辞」構造のところでも言及しておいたが、ここでは金田一京助の説明を援用しながら、もう一度ふり返っておくことにしよう。

日本語は［……］最も分析的な言語であると言える。なぜなら、各々の動詞は、人称にも、時にも、数にも、法にも超越した全く共通な一つの形で役立ち、人称や数等は、それぞれ、その時の主語で示されるだけであり、過去や未来をば、ただ助動詞がそれを専門に表わして後へ添えられる。法も同様である。例えば動詞「書く」は、人称にも数にも（時には法にも）かかわりなく常に書くで、それが「我書く」「汝書く」「彼書く」「我々が書く」「汝等が書く」「彼等が書く」となる。

過去にしようとすれば、それぞれの下へ一様に「た」をつけ、未来にしようとすれば一様に「う」（よう）をつける。

又格を表わすのにも、名詞・代名詞は、何格でもそのままで、関係を表わし分けるには、関係表示専門の「が」「の」「に」「を」「より」「から」「まで」「さえ」「と」「も」「へ」の類が一様に、どんな名詞・代名詞へも結びつくのである。全く分析的な語法である。（『日本語の変遷』）

つまるところ、日本語の各品詞は、それぞれをとってみればほとんど裸形《らぎょう》のままであり、それらが膠《にかわ》のようにくっつけられ、加重されてゆくことによって、初めてさまざまな文法的な働きをするようになるわけだ。したがって日本語は、「私も行きたいのですが……」というぐあいに、言いさしのままで以下を省略し、「行けない」ということを暗示することもできれば、「行きたい―わけで―あるので―あります」などのように、表現を冗長なまでに累加《るいか》していくこともできる。この省略・累加が容易であるというところに、まずは、敬語や女性語が登場してくる理由もあるのだろう。

裸形のものにはいくらでも、帽子をかぶせたり靴をはかせたりして装うことができる。「ある」に「ます」がついて「あります」、「山」に「お」がついて「お山」、「だ」に「わ」がついて「よ」もついて「だわよ」、「企業」にまで「さん」がついて「NHK出版さん」「中央大学さん」、「名前」に「お」がついて「様」がついて、あの妙ちきりんな「お名前様」……等々。膠着語から説明できるのは、まだまだこんな丁寧語や女性語の終助詞だけではない。たとえば、現在では一語として感じられている「いらっしゃる」などの尊敬語も、「まいる」などの謙譲語も、やはりもとは、「入ら＋せ＋らる」「まい＋入る」のような累加によってできているのである。

さらに、敬語や女性語が生じる理由は他にもある。それは日本語が述語中心構文をとっていることだ。この構文では、最後に動詞がやってきて締めくくりをする場合が多い。ところが、今しがた金田一の引用をしたところからもお分かりのように、日本語の動詞は「私は書く」「あなたは書く」「彼は書く」などと、すべてがu音で終わるわけだし、過去にしても一律に「た」となってa音、その他の助動詞がついたとしても「ない」「らしい」などのi音が加わる程度で、きわめて単調である。そのうえ、動詞は二音節か三音節のものが多く、助動詞がついてもかなり短くて尻切れトンボのような感じがする。したがって、敬語や情意の終助詞を加えることで、変化や重みをつけたくなってくるのである。

そればかりではない。こうした情意の終助詞をつけると、「です」などのおかしな用法が軽減されるという効用ももたらされる。たとえば、子供がよくやる「楽しかったです」を始め、「暑いです」「大きいです」などは、そのままではどことなくぎごちない。だが、これを「楽しかったですね」「暑いですね」「大きいですね」とやればどうだろう。ぐっと違和感がなくなりはしないだろうか。

おおよそ、こうしたところが、敬語や男女言葉が生じてきたことの、まずまず妥当な理由であるだろう。そして、敬語がさほど簡単に無くなりそうもないのは、それが単なる修辞的事実であるところを越えて、すでに文法的事実となっており、今ではすっかり人称をあらわす機能さえ分担してしまっているからである。たとえば、「おいでいただいても結構ですが、何なら参りましょうか」という文に主語はないが、人称はくまなく表現されていると言っていい。よく日本語は主語をはっきり言わないからあいまいだなどという神話が一人歩きしているが、それはおかど違いというものだろう。敬語はそれ以外にも、きわめて的確な識別機能をもっている。

　母も、お母様にお目にかかりたいと申しております。

要するに、敬語の発達により人称や関係性が省略されるようになったわけで、そのためにも、ますます敬語は、簡単に放棄できるものではなくなっているのである。

女性語とフェミニズム言語学

では女性語はどうなのか。もちろん、美化語の「お」をどうするか、「の」「よ」「わ」などの情意をあらわす終助詞をどうするか、というたぐいの議論であれば、何のことはない。ちょいとした女性間のコンセンサスさえできれば、学校教育を通じて、捨てることも残すこともさほどむずかしくはないだろう。いや、すでに首都圏の電車のなかなどでは、若い女性の口から、「さっきあの店でスパゲティ食ったんだけど、チョーうめえんだよ」といった言葉が発せられるご時世である。近い将来、「女性語」という表現さえ死語となってしまうかもしれないのだ。

しかしながら、女性が「食った」「チョーうめえ」を連発するという風潮は、目下あちらこちらで顰蹙《ひんしゅく》をかってもいるようだし、逆にまた、どんなきっかけから女性語が強化されないとも限らない。現に「チョーうめえ」派の女性に対して、他方には、頭のあたりから黄色い声を発するチョー「ブリッ子」の一派もある。やはりこのあたりで、女性語に対する一種の方向性は打ち出しておくべきであるだろう。

問題となるのは、「チョーうめえ」派であれ「ブリッ子」派であれ、若い女性たちの間に、女性語というものへのはっきりした認識が欠けていることだ。私は、どちらの派に対してもあれこれと質問を向けてみるのだが、答えはいたって簡単。総じて「チョーうめえ」派の言いぶんは、男性と対等になれるから、あるいは、軽い友達感覚でいられるから、というところに集約でき、「ブリッ子」派の答えは、この方が男性にモテるから、というあたりに帰着する。つまるところ、「チョーうめえ」派は男性との対等な関係を標榜《ひょうぼう》しながら、男性語と、それもとりわけ下卑《げび》た男性語と同化する行動をとっているわけだし、「ブリッ子」派は、いつの世にも変わらぬ媚《こび》とともに、自立しようとする同性の足を引っぱっているのである。

おそらくこうした現状を最も憂慮しているのは、女性の立場をしかるべきものにすべく日々苦労を重ねている女性たち自身なのだろう。フェミニズム言語学の成果は、この国では、ほとんどと言っていいぐらい生かされていないのである。すでにアメリカでは、一九六〇年代からウーマン・リブ運動が活発化するとともに、活動家ベラ・アブザックらによるMissやMrs.をやめてMsを使おうという国会提案がなされ、その結果、manの言葉を含んだ「マングリッシュ」(policeman, firemanなどの)を廃してpersonを用いようという言語意識が高まっていた。おおよそこれが、一九七五年になってロビン・レイコフの『言語と女性の地位』(日本語訳『言語と性』)に結実する。いささか単純化のそしりを受けるかもしれないが、要するに、女性も男性と対等な言葉づかいをすればいいという立場が確立されることになるわけだ。

こうした動きに刺激されて、さらにフェミニズム言語学の研究が重ねられると、やがて次の段階では、あの「ブラック・イズ・ビューティフル」の黒人運動と軌を一にして、女性語の再評価がおこなわれるようになる。つまり、白人的基準にのっとった黒人の権利要求ばかりではなく、「黒」の内在的価値（つまり「黒い色」そのものが美しいのだという価値）にも目を向けようという動きに並行して、女性語の方もまた、その内在的なメリットが見直されるようになるのである。男女の主導権争いばかりくり返していても埒《らち》はあかないし、自己主張訓練《アサーティヴネス・トレーニング》を受けた女性闘士が出てきても、今度は、彼女たちと一般女性との間に亀裂ができてしまう。そうしたさまざまな問題をかかえながら、フェミニストたちは、むしろ女性語のなかにある「協調的」「生命的」「エコロジー的」な価値を再評価していこうとする。

女性の言葉は、暴力的・闘争的ではなく協調的である。生活感に裏づけられて生命を大切にし、エコロジックな物の考え方をする、等々。しかし、これはまたこれで、一面から見れば男女の差を固定し、女性は女性らしくという男性的価値を正当化することによって、結局は、男性的言辞のなかにやすやすと絡《から》め取られる論理にもなってしまうことだろう。

まあ、これ以上フェミニズム運動について多言するつもりはないが、結局、わが国ではこうした一九六〇年代から始まる女性の権利運動について、ほとんどまじめに論議されてはこなかった。それどころか、海外のことはおろか、平塚らいてうから寿岳章子にいたるまでの同胞たちの苦労さえ、現在の若い女性たちには、よその世界の話であると言っていい。私たちが、これまでの運動に学ぶべきは、目下、私たちの直面している課題が、女性語を男性語なみにすることでもなければ、女性語の美点をあげつらうことでもなく、「チョーうめえ」派も「ブリッ子」派も、いわば、きわめて反動的な表層の現象でしかないことを、とくと見きわめておくことであるだろう。

いずれの派も、男女言葉の二分法には、少しも疑いをはさまない。だが、たとえば、男女言葉の背後に漢語と和語との二重性があるのだとすれば、当然ながら、漢語のように硬い男性語と、和語のようにやわらかな女性語とのそれぞれの特徴は、それ自体が、使用する男性・女性の特性を強化することになりはしないか。それればかりではない。日本語のなかで、徐々に漢語が抽象性や思想性を独占してきた歴史があるのだとすれば、日本人のなかでもまた、男性の側に知性が、女性の側に感性が、それぞれ分担されてもいるのだろう。こうして、歴史に学ぶことのない者は、かならず、悪しき歴史をくり返す。

「男女言葉」の新たな使用法

そもそも、「男女言葉」が日本語に特徴的なもののように考えられるのは、先に触れておいたように、それが目に見える形で表示されているからだ。たとえば英語だって、It's lovely！(きれいだわ！)や How flattering！(あら、お上手をおっしゃること！)などの表現であれば、たいてい女性のものだということは分かるが、そこに、女性語としての表示があるわけではない。lovely, pretty, gorgeous などを使うと、どことなく女性的と感じられ、How flattering！, It's frightfully warm！といった大仰な表現をしたり isn't it? のような付加疑問を連発したりすると、やはり女性っぽく見られてしまうというほどのことである。したがって欧米のフェミニズム言語学では、前述したようにMsの表記を使おうとか、policemanをpolice officerにしようとか、女性はwidow（寡婦）と呼ばれるのに、男性形のwidower（寡夫）がないのはけしからん、とかいった「語彙論」的な問題が中心になってくる。

また、さもなければ、男性はぞんざいな言葉から上品な言葉まで、かなり広範な選択ができるのに、女性だけが上品な言葉づかいを強要されるのは不公平だとか、女性の「協調的な」話し方は、男性の「闘争的な」話し方にくらべて社会的に損をしてしまうとか、おもにそうした文化＝社会的な議論が展開されることになる。最近のフェミニズム言語学者デボラ・キャメロンやジェニファー・コーツの著作には、そのあたりの様子がつぶさに描き出されているだろう。実のところ、このような文化＝社会的な議論はもっとわが国でもおこなわれなければならないのだが、話題はどうしても目に見える「てよだわ」言葉の是非だとか、「チョーうめえ」はいただけないとかいったところに集中し、かんじんの女性差別問題はすっかり隠蔽されてしまう形になっている。

さしあたり、こうした差別論議は別の機会にまわすとして、少なくともここでは、目に見える「女性言葉」や「敬語」をどうすべきかという問いに決着をつけておかねばなるまい。

そこで少し考えてみたいのは、「チョーうめえ」のような男性語にへつらう女性語の変化ではなく、逆の、女性語に近づいた男性語の変化である。

私の記憶するところでは、二〇～三〇年ほど前まで、男性はあまり「お水」「お茶」「お菓子」のような美化語を使わなかったように思うのだが、いかがだろう。ところが現在では、「茶が飲みたい」という表現はすでにマイナーなものになっている。先日、街角で偶然に見かけた強面皮《こわもて》ジャンのおあにいさんも、道端で突然ふり返り、「しまった、おサイフ忘れた」と独り言《ひとご》ちた。なんともほほえましい光景ではあるまいか。つまり、私たちは日ごろあまり気づいていないが、女性語が男性語に近づいた分だけ、男性語のほうも女性語に近づいているのである。おかげで男性語はずいぶんしなやかにもなってきた。

そのうえ、日本語においては、男性もまた女性のように、かなり終助詞を用いて情意表現をしているのである。その終助詞について、今ちょうど私の机上に、言語学者の熊沢龍氏が対話形式で論じている一文があるので、氏の口調をそのままここに引用し、情意の終助詞の使われ方を見てみよう。これぞ一石二鳥の引用か。

そのほか「よ」だの「わ」だの、いろいろ男も女も使うのが出てきますね。しかしどちらも男も女も使いますが、イントネーションなんかがちがうんです。たとえば「困りますわ」と、こう終わりを下げて発音しますときは、これは男のいいかたですよ。ところが同じ「困りますわ」を終わりを上げて発音すると女のいいかた、これを反対に女の人が終わりを下げて「困りますわ」と発音したり、男の人が「困りますわ」と、終わりを上げていったらこれはおかしなものですね。(「男性語と女性語」『日本語の特色』)

さて、どうだろう、この文の内容からしても、氏自身の言葉づかいからしても、日本語では男性もかなり「ね」「よ」「わ」といった情意の終助詞を使うことがお分かりいただけるのではなかろうか。してみると、女性語のかなりの部分は、実は男性語と共通していると言うべきか、それともまた、日本語そのものが、男女間でわずかに違うだけの情意の終助詞を多用していると言うべきか。いずれにせよ、そう考えてみれば、女性語だけを特別視するよりもむしろ、日本語における男女言葉というものは、どちらにも中心のない変異体《ヴァリアント》同士なのだという新たな視点が開かれてくるにちがいない。

そうなれば、結論はもう近い。女性の「てよだわ」言葉がソフィスティケートされすぎず、男性の「チョーうめえ」的表現があまりにも下卑たものにならなければ、男女の言葉はかなりの地点にまで歩み寄り、ともにニュートラルなものとなって、小さな性の差異を楽しむほどのところに落ち着くのではあるまいか。「ますらおぶり」にも「たおやめぶり」にも偏することなく、もちろん、論理性を乱すほどの虚飾もない。かといってゴリゴリの西洋論理一辺倒ではないような、情意をも含んだ日本語独自の論理を目指せるようになるだろう。

そのためには、さしあたり、男女ともに一種の意識改革が必要となってくる。通常、ジェンダー的な運動は、そのほとんどが女性問題に終始してしまうが、とりわけわが国においては、それだけでは不足する。男女言葉の歴史からしても、和語・漢語の二重性があいまって、男女は相互に二極分化させられてきたはずだ。それならば、女性が女らしさを強制されて女性語を使うように、男性もまた男らしさを強制されて男性語を使っていることになるだろう。かつて男性語といえば、漢語であり抽象語・思想語でもあったわけだが、マザコン・お受験で明け暮れる現代の男性には、そうした素養など望むべくもない。とすると、男らしさを強調するためには、さしずめ粗暴な言葉を使うか、「メシ、フロ、ネル」でいるしかないということになってくる。

粗暴や寡黙は、実のところ心理学的には、女々《めめ》しさ（失礼！　現代では雄々《おお》しさと呼ぶべきか）や幼児性のあらわれでしかないにもかかわらず、それが強調されることになるのである。近年、ますます表層的な「らしさ」が好まれる社会になっているせいか、「ボク」と称していた男の子たちも小学校にあがると、急速に「オレ」を使わざるを得なくなる。つまり彼らは、かなり早い時期から、懸命に男性を演じさせられているわけだ。

結局のところ、一方の性がとらわれたままでいるときに、他方の性だけが自由でいることはありえない。だとすれば、女性が大和撫子《やまとなでしこ》から解放されるためには、同時に男性も、日本男児から解放される必要があるだろう。女性が極端な女性語から解放され、はたまた「チョーうめえ」に走らないためには、男性もまた、粗暴や寡黙から解放され、もっとニュートラルな言葉づかいをしなければなるまい。もちろん、多様な情意の終助詞を使うことにも、躊躇《ちゅうちょ》することなどないのである。これはほんの一例でしかないのだが、男性が情意の終助詞を使うことによって、かえって日本語がニュートラルなものとなり、そこから、西洋論理とは一味ちがった論理の方向性がほの見える。そんな「風が吹けば桶屋がもうかる」式の、ちょいと不思議な理屈がお分かりいただけるだろうか。

他者とのかかわり——丁寧語こそが重要である

さて、こうした男女言葉のとらえなおしは、そのまま、敬語のとらえなおしにも応用することができそうだ。男女言葉と同様、日本語において敬語が問題となるのは、何度も言うようだが、それが目に見える形で体系的に表示されているからにほかならない。通常、英語などには、ごく少数の敬語しかないと言われているが、それは His Majesty や His Highness といった特殊な標識語だけを念頭においているからであり、敬語にならない敬意表現を考えるならば、枚挙に暇《いとま》はないだろう。遠慮がちに話すときの Would you please～？（していただけませんか）や May I～？（いたしましょうか）は立派にそうした敬意をあらわしている。

あるいはまた、敬語でないものによって敬意をあらわすと言えば、個人的な話で恐縮だが、私は、初めて妻の郷里である栃木県を訪れたときのことを思い出す。驚いたことにこの地では、私の方はけんめいに敬語を使っているのに、土地の人々はいっこうにあらたまる様子もなく「～だナア」と話しかけてくるのである。方言学では、このあたりを長らく無敬語地区と呼んできただけあって、いかにも失敬だと感じたが、やがて私はそのまちがいに気づくことになった。彼らは厳密に言うと「～だナア」ではなくて「～だナイ」と言っていたのであり、実は、このaからiへの微細な音の変化のなかにこそ、その敬意のすべては込められていたのである。

つまり敬意は、あらゆる言語のそこかしこに、いや、ちょっと伏し目がちになるといった、身振りなどの非言語的な要素のなかにさえひそんでいるのであって、日本語の、特に共通語においては、そのかなりの部分が敬語として顕在化しているだけなのだ。顕在化した敬語が多ければ多いほど、潜在的な敬意表現が少なくなるのは理の当然。そうだとすれば、西洋語に敬語がないからといって日本語からも敬語をなくそうとするならば、一見リベラルをよそおった、その実、ひどく野蛮な発想であることになってしまう。むしろ、こうした敬意の顕在性や潜在性を考えてみるならば、日本語総体のなかで敬意表現をどう配分するかということこそが語られるべきであるのだろう。

今では「あそばす」「ちょうだいする」などの大時代的な敬語は、ほとんど姿を消してしまったし、すでに若者たちのあいだでは「いらっしゃる」や「参る」も失われ始めているように見える。もちろん、こうした敬語の衰退を、日本人の美徳が失われると嘆くのも、リベラルな風潮が生じていると喜ぶのも勝手だが、ただ一つ忘れてならないのは、敬語の顕在性から、敬意表現一般の潜在性へと移りかわる部分が見うけられることである。たとえば、「明日おいでいただきます」と言うのと、「明日よかったら、きてくれませんか」と言うのとでは、はたしてどちらに敬意がこもっているだろうか。たしかに、前者の方がやや高級な敬語を使ってはいるけれど、その割には押しつけがましくもありはしないか。後者はさほど敬語を使っていないが、「よかったら」と相手の意志を尊重することによって、かえって敬意があるとも考えられる。つまり現在では、一般的な趨勢にまかせて、形式的にすぎる敬語や窮屈な敬語は、むしろこうした敬意表現に移行させ、敬語体系をかなりシンプルなものにしていくことも考えられてしかるべきであるだろう。

その結果、残るものは何か。いや、残るものと言うならば、今後ますます発達してくるであろう商業敬語の枠内で、ありとあらゆる身分差別的な敬語も、新造敬語とともに、いつまでも余命を保つことだってあり得ないことではない。昨今、ファーストフード店や本のリサイクル店などでは、さまざまな気味の悪い商業敬語が姿を見せ始めてもいる。「いらっしゃいませこんばんわあ」「こちらでお召し上がりでしょうか」「何なりとお申しつけ下さいませ」……したがって、残るものと言うよりも、重要なものと言うべきか。私見では、それは敬語のなかでも、「親疎」をあらわす部分だろうと思われる。

上下の関係は、労使、師弟、売買などの「場」に応じて今後も生み出され続けるものだから、なくなることはないにしても、それはその「場」に応じて変転もするし、もはや平等社会のタテマエからすれば、基本的には解消されてしかるべきものであるだろう。ただし、そこに準備されている社会が、商業敬語を乱発する裏に、露骨と粗暴とを隠しもつ馴れあいの顔のない大衆社会にならないとも限るまい。そうであればこそ、親疎の間合いを測る敬語の役割だけは、かえって貴重なものになりそうだ。

そもそも敬語には、尊敬語、謙譲語、丁寧語の三種類があるというのが学校文法の教えるところだが、時枝誠記が言うように、尊敬語と謙譲語とは「詞」に対する敬語であり、丁寧語は「辞」に対する敬語であって、両者は根本的に性質がちがっている。簡単に言えば、丁寧語こそが話し手の聞き手に対する敬譲の意をあらわし、尊敬語や謙譲語は表現素材（すなわち「詞」）を上下尊卑の関係で識別しているだけで、そこに本来の敬意はない、とするものである。
まあ、それ以上くわしい説明は省くとして、結局のところ、尊譲語は話し手と言及対象との関係をあらわし、丁寧語は話し手と聞き手との関係をあらわすものと言っていい。そして、前者の本質は上下の関係、後者の本質は親疎の関係をあらわすところに帰着する。つまり、親疎の関係は、おもに丁寧語がになう領域となるのである。もちろん尊譲語も、「あがめ」のなかに「あらたまり」や「へだて」をもつものだから、すっかり無縁というわけではないだろうが、今後必要とされているのは丁寧語を中心とする敬語体系であることに変わりはない。

へだたりのなかで親しさを語る日本語

かつて、わが敬愛する福田恆存《つねあり》は、敬語の本質を「心理的には相手を遠く隔て、距離を置くことによつて、現在論《あげつら》つてゐる事柄を、親しさ、馴れ合ひの対人関係から救出し、客観化、或は客観化しようといふ心の働き」であると喝破した。そうして、そこから彼は次のような結論を導き出していたのである。

敬語、殊に丁寧語、親疎語は自他の距離測定によって自己確立の役割を演ずると共に、相手方を大切にする事によつて、結果としては自己の品位を保つ役割をも演じ得るのです。（「敬語について」『なぜ日本語を破壊するのか』）

この敬語による距離測定の問題は、第一章でも、第三章でも論じてきたあの言文不一致が引き起こす問題ときわめてよく似ている。そう、言文の不一致は、人々の意識を「文」のタテマエと「言」のホンネとに二極化し、一方を内容空疎なフォーマリティーに、他方を下卑た馴れあいに、それぞれ仕立てあげることで由々しきものとみなされた。敬語による距離測定の問題も、やはり同じ二極化をかかえており、つまりは「親」と「疎」とのバランスをいかに按排《あんばい》するかというところに帰着する。

ホンネが下卑てはいけないように、何事も親しければいいというわけではない。また、タテマエが空疎であってはいけないように、何事も敬して遠ざけておけばいいというものでもない。ホンネでタテマエを語る日本語が必要であったように、ここでもまた、「へだたりのなかで親しさを語る日本語」とでも言うべきものが必要になってくるのである。なるほど、仲間内の分けへだてない言葉もいいものだ。あるいは、土の匂いのする故郷の方言も捨てがたい。もちろん、それはそれで大切にすればよろしい。ただし、私たちの間で、今や最も必要とされているのは、そうした仲間や故郷から離れた者同士で語りあう日本語ではないのか。つまり、たがいに「他者」同士で語りあう日本語ではないのだろうか。

「へだたりのなかで親しさを語る日本語」、それは時として、かなり人工的なものになったり、多少とも無味乾燥なものになったりするかもしれない。それは、「他者」たちの語りというものが、つねに何ほどか抽象的な素材を使わなければならないからだ。しかしその分は、結局、そうした素材を組み合わせる発話のパフォーマンスが補うことになるだろう。つまるところ、現在の日本語においては、適度な丁寧語を用いながら、見事に親しみのある語りを作り出すことが重要課題となっている。そしてそれは、ひょっとしたら、あのフランス語 Je pense donc je suis のような、少しばかり抽象的な表現となってくるのかもしれないのである。

いかがだろう。そうなれば敬語は、いささかも論理を妨げるものではなく、むしろ自己の確立と「他者」の認識とになくてはならぬものとなってくる。こうして私たちは、デカルト的コギトを妨げかねない「敬語」や「男女言葉」を考えるところから出発し、両者のあるべき姿を求めながら、ついにはひとめぐりして、コギトと和解する場所に帰ってきた。この遍歴のなかには、おそらく、西洋論理を追うだけではない日本語独自の論理性への方向もかいま見られるはずである。

3　日本語の進化する方向——開かれた終わりに向けて

日本語の可塑性

さて、本書の歩みも、そろそろゴールに近づいた。最後に私たちは、これまでの日本語の「進化」をあとづけ、今後の日本語の可能性を素描することによって、この書に一応の終止符《テルム》を打たなければなるまい。終止符はまた、期限《テルム》であり項目《テルム》であり言葉《テルム》でもある。私たちの書は、いずれ、期限の定められた言葉として一つの項目にまとめられ、限定されるとともに、新たなスターティングボードを準備する。日本語のさらなる進化のために、この書にも、「開かれた終わり」をしつらえておく必要があるだろう。

すでにつぶさに見てきたように、明治初頭、さまざまな文体や方言に四分五裂していた日本語も、やがて翻訳家・作家・演説家をはじめとする幾多の人々の模索を経て、今日の日本語へと進化した。当初は、あまたの文体によって寸断されていたこの「思考の身体」も、西洋語の翻訳を介して自己にめざめ、次第に細密でしなやかな可塑性《かそせい》を獲得するようになる。そこからさらに「生きた口と死んだ手」とが接続され、言文一致運動や演説の大流行を経過しながら、ついに日本語は、話すときにも書くときにもたった一つのスタイルで押しとおすことのできる唯一の身体へと収斂《しゅうれん》した。

だが、まだまだ四肢は、思いどおりには働かない。新しい時代に即した語彙が極端に不足していたのである。人々は造語の必要にせまられる。そしてそこには、漢語利用の苦労がともない、「カセット効果」や「言霊思想」の落とし穴も待ちうけてはいたものの、ようやく一万余語の鋳造《ちゅうぞう》をもって、日本語は、まがりなりにもその全身を整備することができたのだった。

とはいえ、いまだ日本語は、その所作を身につけてはいなかった。整備された身体も、相変わらず外部受容的で、「感覚的」「欲望的」「嫌悪的」な感情に左右される「蠱惑的」な眠りを貪《むさぼ》っていたと言っていい。いや、今なお随所で貪っているのだが、それでも細かに見れば日本語は、その状態から身を起こし、「判断的」なレベルへと移行するだけの力量は、すでに十分身につけてもいるのである。そのための分析性も論理性も、つとに日本語がめざしてきたところにはちがいない。ただし、その方向を貫徹するためには、「男女言葉」や「敬語」といった夾雑物が邪魔になる可能性もある。だからこそ、私たちはこの章で、そこから先を考えてみたわけだ。

こうして日本語の歴史をふり返りながら、いつしか私たちは、日本語をどうすべきかという問題に踏みこんでしまっている。ともあれ、歴史をひもとくということは、いつもそうしたものであり、それを除いた客観的な歴史の叙述など、見事に装われたイデオロギーか、閑人の手すさび以外の何ものでもないだろう。したがって、私たちは最後に、これまで私たちのたどってきたのが、ほかでもない、日本語における「論理性の脈絡」だったということを再確認しながら、その論理性のたどるべき進化の方向を、いささかなりとも具体的に示しておかねばなるまい。

発見的・帰納的、そして協調的な日本語

日本語については、とかく、主語がはっきりしなくてあいまいだとか、述語が最後にくるので言いたいことが分からないとか、あれやこれやと議論が絶えない。だが私は、日ごろからそれらを、的外れもはなはだしい擬似問題だと思っている。それどころか、そのように問題とされるところにこそ、日本語の最も論理的な部分があるとさえ考えているのである。

唐突な質問ではあるけれど、手紙の宛名の書き方は、はたして日本流と西洋流とどちらがすぐれ

ているだろうか。そう、私たちは「〇〇県」「〇〇市」「〇〇町」「〇丁目」「〇番地」という形で、大きなカテゴリーから次第に小さなものへと限定し、最後に個人の名前をもってくるが、西洋ではこれが逆になるというあの書き方である。いかがだろう。私は、まぎれもなく日本流が理にかなっていると感じるし、そのことは、実は、多くのフランスの友人たちも認めているところなのだ。

日本語の主語・述語と呼ばれるものの働きは、まさにこの宛名書きの形式に一致する。ためしに、主語をめぐる議論で有名になった「象は鼻が長い」の一文を考えてみよう。そもそも日本語に主語という概念がふさわしいかどうかも検討せずに、「象は」が主語か「鼻が」が主語か、など論じることはやめにして、今は、この表現の論理展開だけに注目していただきたい。まずこの表現は、「象は」と言って、語るべき主題を提示し、さらにこの主題のなかで「鼻」を限定することによって、順次、その内実を語っていく。つまり、日本語の論理のプロセスも、基本は宛名書きと同じく、大きなカテゴリーから次第に小さなものへと絞りこんでいくスタイルなのである。

こうした日本語の発想は、すぐれて「探索的」かつ「発見的」なものとなる。なぜならそれは、私たちの内部で初めは漠然としていたものが、次第に明らかになっていくプロセスを正確にたどっているからだ。当初は何もないところで、にわかに一つの意味が姿をとり始める。それを私たちは「～は」という表現により、かなり大ざっぱな一領域として設定する。そしてこの領域がひとたび決まれば、今度はそこに「～が」という表現があらわれてその領域をさらに細かく限定する。この限定されたものは、さらに次の表現によって限定され、それはまた……と続いて以下同文。最後には、見事に彫琢《ちょうたく》された結論が得られるというわけである。

とりわけ、このプロセスにおける最初の「〜は」という表現などは、日本語の特徴をきわだたせるものであるとともに、単なる言語学的な視点をこえたところで、豊かな思想的意味をかいま見せてくれもする。通常、学校文法では「〜は」「〜が」「〜も」などの格助詞をしたがえるものを「主語」と呼んではばからない。しかしながら、「佐藤はもうとっくに来ているけれど、鈴木はまだ見ていないなあ」というような場合、「鈴木は」の部分を主語と呼ぶわけにもいかないだろう。そこで国語学者たちは、「〜は」という表現に「主題提示」といった定義をあたえて、決着をつけたように思いこむ。そして、思いこんで安心し、「〜は」のもつ認識論的な重要性をすっかり見のがしてしまうのである。

あたりまえのことながら、私たちはつねに世界のなかで生き、そこであれやこれやの関心をもちながら、世界とさまざまな関係をとり結んでいる。私たちが、べつにこれといった注意もはらわなければ、世界は、ぼんやりとしたまどろみのなかにあるのだが、ひとたびそのどこかに注意を向けるならば、とたんに世界も、それに応じた表情を見せるようになってくる。したがって、世界と私たちとは表裏の関係にあると言っていいだろう。

こうした世界のただなかにあって、私たちの前には、いつも一つの「知覚野《シャン・ペルセプティフ》」と呼ばれる意識の領野が広がっているのだが、ここに、ある時ふいに、曖昧模糊としたうながしのようなものが生じてくる。このうながしは、少しずつ意識化のプロセスをたどり、それが次第に形をとって、ついには命名というレベルにまで達することになる。そこで私たちは、「〜は」という言いまわしによって、言語表現への決定的な第一歩を踏み出すことになるわけだ。つまり、やや大げさな物言いを許していただけるならば、「〜は」には、西洋語の主語にはない「知覚」から「言語」への移行が表現されている。まさしくこれこそが、西洋語には見られない「〜は」のもつ認識論的な重要性なのである。

この決定的な一歩が踏み出されてしまえば、その後は、すでに述べたように、言語上での細かい限定作業が続けられるばかりとなる。思考するとは、結局、思考する領域を次第に画定し、いっそう明確化していくことにほかならない。このような明確化の歩みは、広範な領野から次第に絞りこまれていく以上、いながらにして「帰納的」であるはずだ。さらにまた、それが一個人の言葉によってなされるものであれ、対話者の言葉を含むものであれ、いずれにしても共通の領野のなかで下位区分しようとするのだから、重ねられる言葉は「協調的」なものになるだろう。

これに対して西洋語の論理はどうなるか。「AはBである。なぜなら、〜であり、〜であり、〜であるからだ」——こうした論理は、かならずや「既定的」「演繹的」「対立的」とならざるを得ない。それはすでに「AはBである」と言ったところで勝負がついているのであり、結論は、それが正しいか誤っているか、二つに一つしかないのである。つまり、このような西洋語の論理は、あらかじめ論者のなかで決着のついたことがらを戦わせるには好都合だが、日本語のように、探索し、帰納し、協調して、不確かなものから徐々に結論を創造してゆく論理にはなりにくい。

その意味では日本語の論理の方が、実は、はるかに「発見的」であり「創造的」なのだが、いかんせん、国際会議あたりで論争するうえでは分《ぶ》が悪い。さらにまた、日本語の論理は、私たちが「探索的」であればこそ、その全き論理性を発揮するものであるにもかかわらず、わが同胞には、不確かなものを不確かなまま放置して、いっこうに動じないふうもある。そのうえ、こうした風潮は、今や情報化社会の便利ツールの手をかりて、わが国に蔓延《まんえん》し始めており、日本語の論理など語るはおろか、あらゆる論理が破綻してゆく様相さえ呈しているのである。これは言語の問題ではありながら、言語の領域をはるかに越えた射程にまで拡がっている。

情報化社会における日本語の問題は、一個のメディア論として、今後また稿をあらためて論じてみたいと思っているが、ともあれ、それら諸問題を乗り越えながら、いかにして創造的な日本語の論理を確立していくのか。私たちは、この難局にあって、明治の先達たちが示すさまざまな知恵を、再度じっくり捉えなおしてみるべきであるだろう。

参考文献一覧

（基本的な参考文献のみを列挙した。また、出版年は著者の利用した版のものであり、初版の年をあらわしてはいない）

序章

『西田幾多郎全集』第一、一一、一三巻、岩波書店、一九七八、七九、七九
『小林秀雄全集』第七巻、新潮社、一九六八
『林達夫著作集』第五巻、平凡社、一九七一

第一章

『西周全集』全四巻、宗高書房、一九六〇〜八一
「末廣鐵腸篇」『明治文学全集』第六巻、筑摩書房、一九八四
『福沢諭吉全集』第七巻、岩波書店、一九七〇
樺島忠夫「文体の変異について」『文章・文体』『論集・日本語研究』第八巻、有精堂出版、一九七九
『郵便報知新聞』復刻版、柏書房、一九八九
阪倉・寿岳・樺島『現代のことば』三一書房、一九六〇
三遊亭円朝『怪談牡丹燈籠』岩波書店、一九六一
『口演速記明治大正落語集成』第一巻、講談社、一九八〇
『明治開化期文学集』『明治文学全集』第一巻、筑摩書房、一九六六

大久保利謙編『近代史史料』吉川弘文館、一九六五
『新編・柳田國男集』第六巻、筑摩書房、一九七八
『歐州奇事・花柳春話』『明治文学全集』第七巻、筑摩書房、一九七二
Ernest Maltravers, in *The Novels and Romances of Edward Bulwer Lytton*, vol. 9., Athenæum Club, New York, 1893
石坂洋次郎『青い山脈』新潮社、一九八一
『坪内逍遥集』『明治文学全集』第一六巻、筑摩書房、一九七七
井上ひさし『國語元年』新潮社、一九八九

第二章

「森田思軒篇」『明治文学全集』第二六巻、筑摩書房、一九八一
『思軒全集』第一巻、堺屋石割書店、一九〇七
森田文蔵「地方下層社会、岡山県、山口県」『明治文化全集』第一五巻、日本評論社、一九五七
「森田思軒篇」『明治文学全集』第九五巻、筑摩書房、一九七〇
『森田思軒・村井弦斎集』『少年小説大系』第一三巻、三一書房、一九九六
谷口靖彦『伝記・森田思軒——明治の翻訳王』山陽新聞社、二〇〇〇
寺田透『ことばと文体』河出書房新社、一九七五
川戸道昭・榊原貴教編『リットン集』『明治翻訳文学全集』《新聞雑誌編》第一四巻、大空社、二〇〇〇
李頓侯『諷世嘲俗・繋思談』聞天楼、一八八五

Kenelm Chillingly, in *The Novels and Romances of Edward Bulwer Lytton*, vol. 14, Athenæum Club, New York, 1896
『漱石全集』第一巻、岩波書店、一九六五
『明治家庭小説集』『明治文学全集』第九三巻、筑摩書房、一九八四
桂川甫周『和蘭字彙』早稲田大学出版部、一九七四
大野晋『日本語の成立』『日本語の世界』第一巻、中央公論社、一九八〇
『吉川幸次郎全集』第二、一七、一八、二〇、二七巻、筑摩書房、一九六八、六九、七〇、七〇、八七
『芳賀矢一選集』第五、六巻、国学院大学、一九八七、八九
長沢規矩也『漢文学概論』法政大学出版局、一九八一
村上雅孝『近世初期漢字文化の世界』明治書院、一九九八
『洋学』上『日本思想大系』第六四巻、岩波書店、一九七六
『翻訳の思想』『日本思想大系』第一五巻、岩波書店、一九九一
柳田泉『明治初期翻訳文学の研究』春秋社、一九六六

第三章

ロドリゲス『日本大文典』三省堂、一九五五
大槻玄沢『蘭学階梯』『日本思想大系』第六四巻、岩波書店、一九七六
『物集高見全集』第三巻、物集高見全集編纂会、一九三五
森岡健二『近代語の成立—文体編』明治書院、一九九一

山本正秀『近代文体発生の史的研究』岩波書店、一九六五
『文体』『岩波講座・日本語』第一〇巻、岩波書店、一九七七
『文体』『日本近代思想大系』第一六巻、岩波書店、一九八九
『逍遥撰集』別冊第二、三、四巻、第一書房、一九七七
『二葉亭四迷・嵯峨の屋おむろ』『明治文学全集』第一七巻、筑摩書房、一九七一
嵐山光三郎編『山田美妙』『明治の文学』第一〇巻、筑摩書房、二〇〇一
『三遊亭円朝全集』第四巻、角川書店、一九七五
福岡隆『日本速記事始』岩波書店、一九七八
『福沢諭吉全集』第一、三巻、岩波書店、一九六九
芳賀綏『日本人はこう話した——言論一〇〇年』実業之日本社、一九七六
『横濱毎日新聞』復刻版、不二出版、一九八九〜九〇
栗田信太郎『明治演説評判記』變了閣、一八八二
尾崎行雄『公会演説法』丸屋善七、一八七七
湯浅誠作『帝国・新演説美辞法』吉岡書房、一八九一
『政治小説・坪内逍遥・二葉亭四迷集』『現代日本文学大系』第一巻、筑摩書房、一九七一
『鷗外全集』第二六巻、岩波書店、一九七三
サルトル『文学とは何か』人文書院、一九六二
『マラルメ・ヴェルレーヌ・ランボオ』『世界文学大系』第四三巻、筑摩書房、一九六二
『二葉亭四迷全集』第四巻、筑摩書房、一九八五

『島崎藤村全集』第一一巻、筑摩書房、一九八二
『若松賤子・森田思軒・桜井鷗村集』『日本児童文学大系』第二巻、ほるぷ出版、一九七七
川戸道昭・榊原貴教編『ディケンズ集』『明治翻訳文学全集』《新聞雑誌編》第六巻、大空社、一九九六
武者小路実篤『或る男』新潮社、一九六九

第四章

『漱石全集』第二〇、二五巻、岩波書店、一九七九
ハリス『日本滞在記』岩波書店、一九六〇
森岡健二『近代語の成立――語彙編』明治書院、一九九一
『和辻哲郎全集』第四巻、別巻二、岩波書店、一九八九、九二
『万葉集』『日本古典文学大系』第四～七巻、岩波書店、一九七九～八〇
『古今和歌集』『日本古典文学大系』第八巻、岩波書店、一九五九
柳父章『翻訳語の論理』法政大学出版局、一九八〇
――『日本語をどう書くか』ＰＨＰ研究所、一九八一
――『翻訳とはなにか』法政大学出版局、一九八五

第五章

佐々木孝次『蠱物としての言葉』有斐閣、一九八九
森有正『遠ざかるノートル・ダム』筑摩書房、一九七六

『源氏物語』『新日本古典文学大系』第一九～二〇巻、岩波書店、一九九三
『講座・日本思想』第二巻、東京大学出版会、一九八三
『竹取物語・伊勢物語・大和物語』『日本古典文学大系』第九巻、岩波書店、一九六六
中村通夫『現代語の傾向』宝文館、一九五七
田中章夫「近代語成立過程にみられるいわゆる分析的傾向について」『近代語研究』第一集、武蔵野書院、一九六五
村木新次郎「現代日本語における分析的表現」『国文学解釈と鑑賞』一九八九（七月号）
山口明穂『国語の論理』東京大学出版会、一九九三
阪倉篤義『日本語表現の流れ』岩波書店、一九九四

第六章

時枝誠記『国語学原論』岩波書店、一九六一
――『言語生活論』岩波書店、一九七六
金田一京助『日本の敬語』角川書店、一九五九
――『日本語の変遷』講談社、一九九八
『枕草子・紫式部日記』『日本古典文学大系』第一九巻、岩波書店、一九七一
河村全二『十訓抄全注釈』『新典社注釈叢書』第六巻、新典社、一九九四
安田孝子他『撰集抄』校本篇、笠間書院、一九七九
『土佐日記』『日本古典文学大系』第二〇巻、岩波書店、一九六八
真下三郎『婦人語の研究』東京堂出版、一九六九

『帝国議会・貴族院委員会速記録』、東京大学出版会、一九八五
『世界の敬語』『敬語講座』第八巻、明治書院、一九七四
『敬語』『岩波講座・日本語』第四巻、岩波書店、一九七七
ロビン・レイコフ『言語と性――英語における女の地位』有信堂高文社、一九八五
デボラ・カメロン『フェミニズムと言語理論』勁草書房、一九九〇
ジェニファー・コーツ『女と男とことば――女性語の社会言語学的研究法』研究社出版、一九九〇
金田一春彦編『日本語の特色』講談社、一九七八
寿岳章子『日本語と女』岩波書店、一九七九
井出祥子『女のことば男のことば』日経通信社、一九七九
福田恆存「敬語について」『なぜ日本語を破壊するのか』英潮社、一九七八
田中章夫『日本語の位相と位相差』明治書院、一九九九

その他

『明治大正新語俗語辞典』東京堂出版、一九九六
『明治のことば辞典』東京堂出版、一九九八
斎藤毅『明治のことば』講談社、一九七八
『前田愛著作集』第二巻、筑摩書房、一九八九
三浦つとむ『日本語の文法』勁草書房、一九七五
土井忠生『国語史論攷』三省堂、一九七七

佐藤亨『近代語の成立』桜楓社、一九九二
『言論とメディア』『日本近代思想大系』第一一巻、岩波書店、一九九〇
松村明『近代の国語――江戸から現代へ』桜楓社、一九七七
松村明『日本語の展開』『日本語の世界』第二巻、中央公論社、一九八六
『新しい国語への歩み』『日本語の歴史』第六巻、平凡社、一九六五
『現代語の成立』『講座・現代語』第二巻、明治書院、一九六四
『杉本つとむ著作選集』全五巻、八坂書房、一九九八
小森陽一編『近代文学の成立――思想と文体の模索』有精堂出版、一九八六
小森陽一『日本語の近代』岩波書店、二〇〇〇
イ・ヨンスク『「国語」という思想』岩波書店、一九九七
土屋信一編『現代語』有精堂、一九八三
渡辺実『日本語史要説』岩波書店、一九九九
雑誌『現代思想』特集「〈日本語〉の現在」一九九四（八月号）

あとがき

私の専門は、一応、フランス現代思想や言語学ということになっている。ところが、三年前に新書版で拙著『日本語の復権』（講談社現代新書）を出して以来、日本語をめぐる原稿や講演の依頼が、めっきり多くなってきた。それに応じて、私自身の読書傾向も変わり、書く文章の位相も変わり、身辺にはおもしろい変化が起こっている。

現代思想や言語学も、実は、きわめて現実的な学問ではあるのだが、この領域での発言は、残念なことにほとんどが、専門分野の仲間たちとの意見交換に終わってしまいがちである。だが、自分たちの身のまわりの日本語について語るとなると、話は別だ。だれもかれもがこれについては一家言もっており、「最近の若いもんの言葉はなっとらん」「日本語はあいまいだ」「いや、日本語はすばらしい」「敬語が乱れている」「女性言葉が女性の足かせとなっている」等等等……、とたんに議論百出となってしまう。

もちろん、そうした議論のなかには、たわいない思いこみや、イデオロギーや、知ったかぶりが渦を巻いており、不毛な応酬に終わる場合も少なくはないのだが、それでも、発言をすれば必ずはっきりした反応が返ってくるという手ごたえはある。こうして、そのおもしろさに、私はズブズブと日本語論の深みにはまりこむことになってしまった。

そもそも、拙著『日本語の復権』は、ひょんなことからできてしまったものだった。私は九五年から九七年まで、久々にパリでの在外研究に出かけたが、今回は、小学生の子供たちも一緒であったため、現地の学校にかかわるご近所のつきあいから始まり、言葉や社会を生活レベルで細かくながめる機会にめぐまれた。おかげで、帰国してからの逆カルチャーショックは、若いころの海外体験にもおとらず生々しく、二年間のブランクの後で目にしたわが祖国は、ほとんど魑魅魍魎《ちみもうりょう》の巣窟《そうくつ》と化しているように思われた。

若者たちは画一的にウォークマンで身を鎧《よろ》い、耳からもれるシャカシャカ音やケータイの着メロで騒音をふりまき、いたるところで親指コミュニケーションにはげんでいる。驚くべきことに、大人たちはそれを注意する力もないばかりか、嬉々として同じような行動をとっているのである。私は直観的に感じとった。この国ではジョージ・オーウェルの『一九八四年』に描かれていた社会がすっかり実現してしまっているのだ、と。日本中がコンビニ、ファミレス、一〇〇円ショップにあふれ、人々は、しらじらと明るい誘蛾《ゆうが》灯《とう》のような蛍光灯の下で、コスプレや仲良しゴッコに精を出すばかりである。

これではならじと、私なりに無い知恵をふりしぼって考えてみると、結局、そうしたオーウェル状況の根本にあるものが分かってきた。何のことはない。あの小説でも描かれていたように、すべては言語の問題に行きつくのである。グローバル化だ、ＩＴ化だ、ヴィジュアルの時代だ、などとごたくを並べてみても、畢竟《ひっきょう》するところ、言語能力の低下は思考力の低下をもたらすものにほかならない。情報化時代の便利ツールの手をかりて、私たちはいかにも快適な生活をおくっているかのような錯覚におちいりながら、その実、思考力も判断力も根こそぎにされかねない状態に置かれているのではないか。

こうした言語と思考との問題は、私たちにとっては、そのまま日本語の問題となるだろう。そのうえ、日本語には、これまでにもさまざまな毀誉褒貶《きよほうへん》がとびかってきている。これらについては、いつか自分なりの決着をつけなければならない。そんなことを考えながら、私はとうとう門外漢であるにもかかわらず、日本語論をものしてしまったのである。いかにも無謀な行為ではあった。

その後のなりゆきもまさに疾風怒濤《しっぷうどとう》。当初は予想もしなかった発売時期のタイミングの悪さや、『日本語練習帳』の人気のあおりを受けて売れゆきは悪く、どうなることかと思っていたら、その年の暮ごろからマスコミ関係のインタビューがあいつぎ、拙著が受験参考書に使用されたり、大学入試に使われたり、とうとう高校生の教科書にまで載る始末。嬉しくもあったが、とまどいも多かった。「オリンピック選手の使う〈自分は〉という表現についてどう思いますか」「さいたま市のような平仮名の都市名をどう思いますか」といった新聞社からの電話インタビューがふえるにつれ、勝手な放言はつつしまねばならないと思うようにもなってきた。何よりもまず、私自身がもっと日本語のことを勉強しなければならなくなってきたのである。

ＮＨＫ出版の大場旦さんから、本書の依頼をいただいたのは、まさにそうした時である。無学を痛感していた私としてはおおいに躊躇《ちゅうちょ》したものの、他方では、日本語を勉強しなおすいいチャンスであるとも思われ、結局、喜んでお引き受けすることになった。おそらくこれが、私にとっては「幸」の、大場さんにとっては「不幸」の始まりであったことだろう。本書の構想がなかなかうまくまとまらないうえに、私はこの一年、大学で学生部長代行という職務を果たす役回りになっていた。「夏休み前までには」が「夏休み明けには」となり、やがて「年の暮」が「正月明け」になり、とうとう私は、一月から三月まで自宅蟄居《ちっきょ》となって、かろうじて責を果たすことができたのだった。おそらくこの間、大場さんはさぞかしイライラ、ジリジリされていたことだろうが、そんなことはおくびにも出さず、よくつき合って下さった。ただし、原稿をさみだれ式に提出するころになって、今度は私の方が身の不遇をかこち始めるようになってきたのである。

出す原稿、出す原稿に、きわめて細かなコメントが加えられて、ここをもうちょっと分かりやすくせよ、あそこにもっと具体例を入れよ、果ては、もう少しこんなことも論じられないか……。おかげで私には、朝から晩まで、晩から朝まで、正体もなく書いては、正体もなく眠るという毎日が続くようになった。

妻は大場さんからの電話があると、ニヤッと笑いながら受話器を手渡す。子供たちは「NHK出版のオバさんから」などと冗談ぽく言いながら、私のおびえた顔をながめては、半分同情し、半分楽しんでいる様子だった。私にとっては、本当に小言の多いオバさんであった。というわけで、この書に多少とも出来のいい部分がみとめられるとするならば、それはひとえにこの小言オバさんのおかげである。大場さんの要求はきびしいものではあったが、いちいち的を射たものでもあった。私の方では、それに答えたところも、すっぽかしてしまったところもある。結果はどうだろう。良き編集者は、良き本をつくる。私としてはそれを信じ、自分のいたらぬところは棚上げにしておいて、拙著が読者の皆さんの好意に迎えられることを願っている。

この書をしたためる過程では、いつもながら、たくさんの方々のお世話になった。心より御礼申し上げたい。とりわけ、明治期の翻訳について造詣の深い英文学者・川戸道昭氏には、多くの貴重な助言をいただいた。氏はこの分野の重要史料の大変な蒐集家でもあり、ご好意によって多くの図版を提供して下さった。高知県宿毛市・宿毛歴史館の八木研究員には林包明についてご教示をたまわった。また、同じ学生部員として身近におつき合いいただいた源氏物語の大家・池田和臣氏には、しばしば、すっとんきょうな質問を発して困らせてしまったのではないかと反省する。英語のプラクティカルな方面にも堪能な上杉恵美氏、新井潤美氏には、英語の女性語についてしつこく質問し過ぎなかったかと、これまた反省する。いや、別に下心があったわけでは決してありません……。そして最後に、夜明けの三時・四時まで起きていては、午前一〇時・一一時まで寝ているだらしのない夫や父を我慢し続けてくれた妻と子供たちにも感謝の一言。「明日からは早起きするからね」と、言うだけは言ってみよう。

二〇〇二年四月一日　エイプリルフールの日に

加賀野井秀一

加賀野井秀一――かがのい・しゅういち

●1950年、高知市生まれ。中央大学文学部仏文科卒業。同大学大学院修士課程修了後、パリ大学大学院で学ぶ。専攻は、フランス文学、現代思想、言語学。現在、中央大学理工学部教授。

●著書に、『メルロ＝ポンティと言語』(世界書院)、『20世紀言語学入門』『日本語の復権』(講談社現代新書) など。訳書に、ルビション『極限への航海』(岩波書店)、ミシュレ『海』(藤原書店)、ドゥルーズ『ドゥルーズ初期』(夏目書房) など。

NHKブックス [941]

日本語は進化する　情意表現から論理表現へ

2002年5月30日　第1刷発行

著　者　加賀野井秀一

発行者　松尾　武

発行所　日本放送出版協会

東京都渋谷区宇田川町41-1　郵便番号 150-8081

電話 03-3780-3317 (編集)　03-3780-3339 (販売)

http://www.nhk-book.co.jp

振替 00110-1-49701

[印刷] 三秀舎 [製本] 豊文社 [装幀] 倉田明典

ISBN4-14-001941-7 C1381